CÓMO SER UN TRADER DE **20** MINUTOS

Una guía esencial para todos los traders
en cualquier mercado

Jeremy Russell

EDICIONES OBELISCO

Si este libro le ha interesado y desea que le mantengamos informado de nuestras publicaciones, escríbanos indicándonos qué temas son de su interés (Astrología, Autoayuda, Psicología, Artes Marciales, Naturismo, Espiritualidad, Tradición…) y gustosamente le complaceremos.

Puede consultar nuestro catálogo en www.edicionesobelisco.com

Los editores no han comprobado la eficacia ni el resultado de las recetas, productos, fórmulas técnicas, ejercicios o similares contenidos en este libro. Instan a los lectores a consultar al médico o especialista de la salud ante cualquier duda que surja. No asumen, por lo tanto, responsabilidad alguna en cuanto a su utilización ni realizan asesoramiento al respecto.

Colección Empresa
CÓMO SER UN TRADER DE 20 MINUTOS
Jeremy Russell

Título original: *How to Be a 20-Minute Trader*

1.ª edición: octubre de 2024

Traducción: *David N. M. George*
Maquetación: *Juan Bejarano*
Corrección: *Sara Moreno*
Diseño de cubierta: *Carol Briceño*

© 2024, Jeremy Russell
(Reservados todos los derechos)
© 2024, Ediciones Obelisco, S. L.
(Reservados los derechos para la presente edición)

Edita: Ediciones Obelisco, S. L.
Collita, 23-25. Pol. Ind. Molí de la Bastida
08191 Rubí - Barcelona - España
Tel. 93 309 85 25
E-mail: info@edicionesobelisco.com

ISBN: 978-84-1172-204-9
DL B 13592-2024

Impreso por SAGRAFIC
Passatge Carsí, 6 - 08025 Barcelona

Printed in Spain

por Sydney Koh

Sentada en el aparcamiento del colegio de mi hijo para recogerle, navegué con indiferencia por mis redes sociales. Con un sencillo movimiento de mi pulgar aparecieron rápidamente fotos de las aventuras de amigos en sus viajes exóticos, vídeos de cachorros adorables y el anuncio ocasional de una oportunidad para trabajar desde casa. Ciertamente, Facebook me conocía demasiado bien.

Entonces, surgido de la nada, un anuncio concreto me llamó la atención.

El trader de 20 minutos.

Sonreí con un aire de superioridad y me burlé de inmediato.

«El trader de 20 minutos. Claro. Menuda bobada».

Y volví a navegar por las redes.

Habiéndome quedado repentinamente viuda a los cuarenta y años, he explorado distintas formas de ganar dinero *online*. El empleo tradicional no era una opción viable para mí, ya que tenía que criar yo sola a mis tres hijos, que todavía iban a la escuela primaria, y uno de ellos tenía necesidades especiales.

Estudié todas las formas habituales de ganar dinero desde casa: *marketing* de afiliación, trading *online*, agencias, la industria editorial, etc. Alcancé el éxito en el mundo editorial, ya que empleé mi experiencia personal en un matrimonio peligrosamente tóxico para escribir varios libros para ayudar a aquellos que estuviesen experimentando lo mismo. Sin embargo, me di cuenta de que tener varias fuentes de ingresos para mantener a mi joven familia sería beneficioso para nuestra estabilidad a largo plazo. Por lo tanto, mi búsqueda de ingresos suplementarios continuó.

Al día siguiente, un anuncio distinto del trader de 20 minutos apareció en mis contenidos. En esta ocasión, un caballero sonriente explicaba tranquila e informalmente la singular estrategia de este sistema de trading. Me detuve para escuchar lo que tenía que decir, ya que era obvio que no se parecía en nada a los llamativos traders jóvenes que había visto en el pasado. Sin coches lujosos ni una mansión en segundo plano, Jeremy Russell, el hombre que aparecía en el vídeo, captó mi atención y me intrigó.

Jeremy simplemente hablaba de un patrón singular que había percibido cuando empezó con el trading y cómo, a consecuencia de ello, invirtió mucho tiempo y capital para comprobar la fiabilidad de este patrón. Lo que encontró y sometió a pruebas retrospectivas dio como resultado un descubrimiento sorprendente de que este patrón era muy predecible dados ciertos movimientos sencillos en las gráficas.

«Predecible» y «confiable» eran la antítesis de mi experiencia personal con el trading. Lo que he visto durante mi vida en los mercados fue más bien todo lo contrario. El sistema de Jeremy era tan distinto a lo que había usado antes… y con el curso gratuito que ofrecía, decidí que no me haría ningún daño por lo menos averiguar algo más.

Algunos sencillos clics después, aprendí más cosas sobre este patrón, y al hacerlo me volví cada vez más curiosa. Esto no se parecía en nada a ningún otro patrón del que haya aprendido en el pasado, y me emocionó. Nada de cuñas ascendentes, de patrones de taza y asas, ni de secuencias de Fibonacci. Esto era completamente distinto.

Aprendí que, dentro de los primeros veinte minutos de la apertura del mercado, si sucedía A, entonces se debía estar pendiente de B y luego ejecutar la operación.

«¿Eso es? ¿Ése es el patrón? ¿Ése es el sistema?».

Era como si mi hijo carnívoro, que se alimentaba a base de comida basura, acabara de decirme que no sólo había decidido comer más sano, sino que se había hecho vegetariano. Sí, *así* de sorprendida estaba. Algo a lo que me había acostumbrado y ya no me cuestionaba acababa de cambiar drásticamente.

Era sencillo. Casi *demasiado* sencillo. Ciertamente debía haber algo más.

Una cosa que sabía debido a todo mi tiempo con el trading era que tenía que estar pendiente frecuentemente de mis operaciones. Odiaba tener que estar atada a mi escritorio todo el día mientras monitorizaba la inevitable montaña rusa de mis operaciones activas.

Ahora sentía incluso más curiosidad por el sistema de trading de 20 minutos, y al poco tiempo me encontré al teléfono con el mismísimo trader de 20 minutos. Hablamos de mi experiencia anterior en el trading, y averiguó que la mayor parte de mi tiempo en los mercados los pasaba en operaciones que duraban desde más de un día hasta varios meses *(swing trading),* Jeremy exclamó:

—¡Vaya! ¡Qué valiente eres!

Al otro lado de la línea telefónica, sonreí humildemente, malinterpretando el comentario de Jeremy como si se tratase de un halago. Al cabo de una fracción de segundo sentí que algo no estaba bien en mi interior.

—Espera. Un momento… ¿Qué quieres decir con «valiente»?

—Oh, simplemente quiero decir que como mantienes tus operaciones durante la noche, estás dispuesta a quedarte expuesta a las noticias que se den por la noche.

Indudablemente, Jeremy tenía razón. Una de las cosas más molestas sobre el *swing trading* era que mantener las operaciones de un día para otro durante eventos noticiables impredecibles o anuncios gubernamentales inoportunos que escaparan a mi control podían tener un impacto importante sobre mis operaciones, ya fuera de forma enormemente positiva o negativa. Esta última situación podía resultar desastrosa, por no mencionar experiencias onerosamente dolorosas.

No me llevó mucho tiempo reconocer que necesitaba saber más sobre la estrategia del trading de 20 minutos. Cuanto más aprendía sobre este método más claro me quedaba que podía ser un punto de inflexión en mi travesía por el trading.

Vivir en California significaba que podía iniciar y finalizar mi jornada de trading antes de que mis hijos se despertasen para ir al colegio. Se acabó estar pegada a mi ordenador durante las horas en las que operaban los mercados. Usar este sistema me proporcionaría fácilmente el flujo adicional de ingresos que estaba buscando. No sólo eso, sino que a medida que comprendía más y más sobre esta estrategia, me di cuenta de que sería completamente escalable cuando estuviese lista para usar un mayor capital.

Hay muchas cosas que valorar de este sistema de trading, y espero que lo estudies y llegues a la misma conclusión que yo. Este sistema simplemente funciona, y tanto si estás buscando ganar una pequeña cantidad extra en cuanto a tu flujo mensual de dinero, como si estás pensando en usar el sistema para generar una cantidad bastante más importante de ingresos, vale la pena invertir el tiempo para aprender qué hace falta para convertirse en un trader de 20 minutos de éxito.

¡Mis mejores deseos y feliz trading!

Sydney Koh

Autora de *Dealing with the Unavoidable Narcissist in Your Life*
y *Can't You Smell the Smoke?*

Hablemos de patrones. Michael Larson era un tipo corriente de Ohio que se hizo famoso por su increíble victoria en el concurso televisivo *Press Your Luck* en 1984. En el programa, presentado por Peter Tomarken, concursaban participantes que contestaban a preguntas de cultura general para ganar jugadas en un gran juego de mesa electrónico llamado El Gran Tablero.

El Gran Tablero tenía diversos premios y recompensas en metálico, pero también tenía algunas casillas etiquetadas como «Batacazo». Si un concursante caía en una casilla de Batacazo, perdía todas sus ganancias acumuladas y aparecía una animación cómica de un personaje de dibujos animados llamado Batacazo. El objetivo del juego era acumular tanto dinero como fuera posible sin caer en una de las casillas del Batacazo.

Michael Larson, un conductor de un camión de helados en el paro quedó intrigado por los patrones del concurso durante su estudio exhaustivo de episodios grabados. Se dio cuenta de que los patrones aleatorios en El Gran Tablero no eran del todo aleatorios. El espectáculo usaba cinco patrones distintos que se desarrollaban aleatoriamente durante cada programa. Larson reconoció que podía memorizar potencialmente esos patrones y predecir el movimiento de las luces en el tablero.

En el verano de 1984, Larson tomó la decisión de probar suerte y se convirtió en concursante de *Press Your Luck*, del canal de televisión CBS. Presentó su solicitud para participar en el concurso y, tras ser aceptado, viajo a Los Ángeles para la grabación.

Durante el concurso, la estrategia de Larson consistió en apretar el botón para detener las luces parpadeantes del tablero en los momentos precisos en los que sabía que se detendrían en el dinero o los premios, y no en las casillas del Batacazo. Evitó los Batacazos con éxito y logró amasar una sorprendente cantidad de dinero.

El enfoque de Larson era arriesgado, porque si caía en una casilla del Batacazo perdería todas sus ganancias. Sin embargo, había memorizado meticulosamente los patrones y confiaba en su habilidad para anticiparse a los movimientos en el tablero. A medida que el juego fue avanzando, las ganancias de Larson crecieron rápidamente, alcanzando cifras sin precedentes. Ganó un total de 110 237 dólares en metálico y premios, que constituyeron la mayor cantidad ganada en un día en la historia de la televisión diurna en esa época. En términos del año 2023, esta cantidad equivaldría a más de 330 000 dólares.

La racha ganadora de Larson sorprendió a los productores y al personal del concurso, que sospecharon que había hecho trampas. Revisaron el metraje exhaustivamente pero no encontraron ninguna prueba de maquinación. Larson simplemente había aprovechado un fallo en el diseño del juego y había sido más astuto que el sistema.

Los productores del concurso rehusaron, inicialmente, pagar a Larson sus ganancias, alegando que había hecho trampas. Larson amenazó con emprender acciones legales y, tras varios meses de negociaciones, recibió su premio íntegro. El incidente provocó que el concurso revisara los patrones de su tablero para hacer que fuesen más difíciles de memorizar y predecir.

La increíble victoria de Larson en *Press Your Luck* le convirtió en una celebridad fugaz. Larson falleció en 1999 con cuarenta y nueve años, dejando tras de sí un legado como uno de los participantes en un concurso más memorables y controvertidos de la historia.

Aparte de identificar un patrón, hay otra cosa que destaca sobre Larson. Sospecho que Larson no estaba buscando el patrón cuando vio este concurso al principio, sino que se le apareció. Para cualquier otra persona, los parpadeos de las luces eran aleatorios, sin un patrón discernible, pero para Michael había un patrón, una secuencia: las luces aparecían en forma de una serie específica a lo largo de períodos precisos. Cientos de miles de personas habían visto este concurso televisivo y muchos habían jugado y, pese a ello, parece que nadie más que Michael detectó esto, o si lo hicieron decidieron no monetizarlo.

Cuando, al principio, pensó que había identificado este patrón, podría haber sido realista y, simplemente, haberse dicho a sí mismo: «Estoy seguro de que no puedo identificar este patrón. Alguien ya se habría dado cuenta de esto a estas alturas», y haberse negado a admitirse a sí mismo que era capaz de saber cuándo las luces acabarían en las casillas ganadoras.

Pero no lo hizo. Se puso a prueba, grabando episodios del concurso en una videograbadora beta o VHS, volviendo a reproducir la grabación y aprendiendo cómo se daban estos movimientos predecibles.

Así es como me sentí en noviembre de 2019, sin haberme fijado nunca en ninguna acción ni gráfica, sin haber comprado nunca acciones ni aprendido nada sobre el mercado de valores… y pese a ello vi cómo sucedía esta cosa que a mí me parecía completamente obvia, en la que unas acciones bajaban y subían de precio de forma bastante predecible cada día más o menos a la misma hora. Nunca pensé que fuera a ayudar a catapultar una serie de éxitos al cabo de tan poco tiempo.

Y aquí estoy, simplemente un nuevo trader aleatorio. No soy un antiguo fanfarrón de Wall Street que haya sido un aprendiz de Warren Buffet, ni ningún gran friqui que adore los algoritmos. Opero con patrones predecibles cada día. De hecho, mientras estoy escribiendo esta frase, acabo de mirar mi cuenta y he visto que acabo de ganar unos 99 000 dólares en mis últimas 3 semanas de trading. En el último año, cientos de miles de personas de todo el mundo han aprendido acerca del trader de 20 minutos y, quizás, para cuando se publique este libro sean millones.

Aquí tenemos lo más raro: ni siquiera puedo referirme a mí mismo como un *amateur* en cuanto al tema del trading. Si un lobato de los Boy Scouts aprendiera primeros auxilios y le compararas con un médico, yo tendría menos conocimientos de estrategias de trading que ese muchacho de medicina. No poseo cualificaciones académicas para considerarme una autoridad, y si estás buscando eso, haz que te devuelvan el dinero de este libro antes de que sea demasiado tarde y búscate a alguien con un doctorado en trading que haya trabajado en la Bolsa de Nueva York durante años, o en la Bolsa Mercantil de Chicago durante décadas. Alguien que conozca los símbolos griegos, los indicadores y el índice de fuerza relativa, además de docenas de otras fórmulas…, que tenga cinco pantallas alrededor de su escritorio, frente a él. Lo único con lo que efectúo operaciones bursátiles es con un pequeño ordenador portátil y mi teléfono inteligente.

Conozco algunas docenas de palabras y símbolos, más o menos, de forma sencilla y precisa. Sé cómo comprar y vender y tengo unos conocimientos matemáticos básicos, pero mi as en la manga, lo mejor de todo, es que dispongo de una forma de predecir un diminuto aumento del precio de unas acciones. También conozco cada detalle sobre cómo explicar este método de principio a fin.

¿Qué sorprendente método de desciframiento de código o provocador de fallos técnicos empleé para encontrar este patrón? De hecho, usé una técnica especial llamada MNSS. ¿Has oído hablar de ella? Es una técnica muy poderosa. Estas siglas corresponden a «mirada no sesgada subconscientemente».

Los expertos, los doctorados y los filósofos de todas las épocas… nunca hablaron de esto en realidad. Me lo acabo de inventar, pero eso no significa que no sea cierto.

Básicamente estaba echando miradas o vistazos, y los anotaba repetidamente.

Todo hemos visto el fenómeno por el cual una persona, independientemente del escenario, aparece, sin saber nada, y se da cuenta de algo que toda la compañía, la familia, el grupo o la civilización no había percibido y que para ella era algo completa y clarísimamente obvio.

Tenemos el relato del explorador que se había encontrado con una tribu azotada por la sequía, que había vivido en ese lugar desde hacía siglos, evitando una cueva cercana porque estaba ocupada por un «demonio malvado». Se trataba de una certeza colectiva porque de la cueva surgían sonidos amedrentadores continuamente. Por lo tanto, era un conocimiento grupal que esta cueva suponía un peligro mortal y que estaba ocupada por un espíritu demoníaco al que había que evitar, apaciguar y temer. Se hablaba de él, se rezaba al respecto y se crearon danzas para protegerse de sus efectos destructivos. Comités, ancianos y expertos hablaban sobre el tema con gran autoridad, mientras toda la tribu estaba continuamente deshidratada debido a que no disponía de una buena fuente de agua. Se enseñaba a los niños, ya desde una tierna edad, a temer a la cueva y a evitarla (de hecho, y por cierto, esto me suena como al mercado de valores, ya que los ancianos «sabios» se oponen a todos los métodos nuevos que ven, y miran con desdén cualquier innovación por parte de nuevas personas).

Un explorador decidió «Entraré en la cueva y comprobaré todo esto», y vio que se trataba de una fuente de agua subterránea que rugía en sus profundidades, ya que el agua se agitaba en un remolino y una pequeña cascada, transmitiéndose este sonido hasta la entrada de la cueva en forma de gruñidos graves. Informó de esto a la tribu y solucionó su sequía. Y pese a ello, esta criatura mítica fue un factor dominante en la vida de estas gentes durante quizás cientos de años.

Ahora se había resuelto la sequía y el demonio malvado había desaparecido. El explorador había empleado la MNSS (mirada no sesgada subconscientemente). En otras palabras, no estaba sesgado subconscientemente para creer en el demonio. Simplemente miró sin unas ideas preconcebidas.

Así es cómo mire yo las gráficas del mercado de valores.

Tenía cuarenta y dos años, estaba arruinado, acababa de perder mi trabajo de veintidós años y no tenía un sitio en el que vivir, así que en esa época estaba en casa de Kris, mi hermano mayor, ocupando una habitación de sobras de la que disponía. Un día, saqué mi ordenador portátil y lo coloqué sobre la mesa de centro.

Dije:

—Oye, Kris, ¿ves eso? –Mientras señalaba la gráfica.

Kris era la primera persona que me había mostrado gráficas de acciones un mes antes, ya que él tenía experiencia. También me introdujo al trading de opciones.

—Si veo… ¿qué? –preguntó, mientras miraba las gráficas de las acciones que le mostraba.

—Puedo decirte cuándo van a subir de precio esas acciones –dije.

—Claro, claro. Echemos un vistazo –dijo Kris.

—Ahora –dije, y la línea dio un salto ascendente.

—¡La leche! ¡Lo has hecho! –respondió.

Ahora estás a punto de lanzar este libro por la ventana, porque hay gente a la que le pagan millones y miles de millones de dólares para predecir los asuntos del mercado de valores, con los algoritmos más detallados y complejos del universo, con un ejército de analistas cuantitativos que diseccionan cada aspecto en detalle. No te apetece oír los balbuceos de un idiota con suerte al que le ha tocado la lotería por pura casualidad y que ahora cree que es un experto.

Estoy de acuerdo contigo. Preferiría oír hablar a un experto de probada eficacia en cualquier asunto. Pero permíteme ser un poco justo conmigo mismo.

Y quizás debería ser un poco menos autocrítico por mi falta de conocimientos.

Desde que publiqué mis métodos en 2021, cientos de miles de personas han aprendido sobre el patrón de detección del trader de 20 minutos en cuestión de meses sin prácticamente ninguna publicidad por mi parte. La cosa principal que dicen es que encuentran que las explicaciones son sorprendentemente fáciles, aplicables y conceptualmente asimilables. En definitiva, nuestros alumnos señalan que el sistema del trader de 20 minutos es fácil de comprender y usar, especialmente al compararlo con las voces excesivamente técnicas y, frecuentemente, intencionadamente poco claras en el mundo del trading. Mi equipo y yo hemos comprobado retrospectivamente el sistema del trader de 20 minutos de forma exhaustiva. Contraté a verdaderos profesionales para que construyeran una máquina del tiempo e hicieran simulaciones del mercado en el pasado con *software* que reproducía el mercado exactamente como era segundo a segundo, viendo si estos patrones existían hace años. Y sí, existían. Mientras tanto, en el transcurso de estos tres últimos años, he leído montones de libros y miles de páginas de datos del mercado de valores, y he entrevistado a docenas de traders tanto exitosos como fracasados.

Sometí este sistema de patrones a pruebas beta con más de ciento treinta traders con los que trabajé personalmente. Registré sus resultados, obstáculos y éxitos, y analicé, pulí, optimicé y publiqué los hallazgos.

Así pues, puede que quiera proporcionarme una pequeña pausa y quizás dejar de menospreciarme por completo por estar «desinformado». Estoy, simplemente, tradicionalmente desinformado. No estudié las estrategias existentes, pero sí estudié información, análisis, resultados, tendencias, símbolos, palabras y definiciones. Por lo tanto, y aunque soy un *amateur* o incluso menos en lo tocante a conocer las «reglas» o las «estrategias» del trading, soy estudioso, y he aprendido ampliamente sobre el mercado de valores y el trading en él.

Quizás, para descifrar este código, hizo falta una persona completamente desinteresada como yo, un atleta, una novelista, un artista con los lápices al que en realidad nunca le gustó la Bolsa, aparte de la película *Entre pillos anda el juego,* mi comedia favorita de la década de 1980… y posiblemente mi comedia favorita de todos los tiempos (nota al margen: ¡No podía creérmelo! Estaba paseando mientras miraba algunas tiendas en Los Ángeles hace una semana, y Jamie Lee Curtis, que era una de las protagonistas de esa película, estaba caminando por la acera, justo delante de mí. Intenté decirle «Hola», y creo que lo hice, pero ella apenas reaccionó, ja ja). Puede que hiciera falta un tipo aleatorio sin preparación en el tema para ver este fallo técnico descaradamente obvio. Como para mí el patrón era tan ridículamente evidente, no podía creerme que fuera así de fácil.

Era como el personaje de Eddie Murphy en el filme *Entre pillos anda el juego*. Salió de la calle, siendo un mendigo sin un techo, y acabó en el mercado del trading de materias primas *(commodities)*. Se dio cuenta, de inmediato, de que la gente estaba apostando por el precio de las pancetas de cerdo. Sabía que el beicon era un lujo que la mayoría de las personas con unos ingresos bajos no se podía permitir alrededor de la época navideña porque Papá Noel necesitaba conseguir dinero para el vestido de pieles de su esposa y que su niño quería el último muñeco de acción. Para él resultaba descaradamente obvio que la gente compraría menos beicon durante este período. Mientras tanto, los tipos viejos, blancos y racistas cuyos mayordomos los bañaban y afeitaban cada mañana no estaban en contacto con la realidad. Ni siquiera podían concebirlo.

El personaje de Eddie, Billy Ray Valentine, acertó y le consiguió a su empresa una enorme suma debido a ello. Billy Ray (Eddie Murphy), el recién llegado, sin formación en el pensamiento colectivo sesgado propio del *statu quo,* podía ver mucho más que esos tipos empapados por la lluvia de símbolos, estrategias y significados. Empleó la MNSS, por supuesto. Una mirada no sesgada.

Como Michael Larson, de Ohio, que ganó en el concurso de la CBS *Press Your Luck,* que incluso ostentó el récord por la mayor cantidad ganada en un concurso durante décadas.

Una mirada independiente, no sesgada subconscientemente.

En este libro te explicaré la historia del descubrimiento, te mostraré pruebas de mis resultados y bosquejaré en detalle los pasos precisos que alguien podría dar para convertirse en un trader de 20 minutos competente. Esto incluye cómo configurar tus gráficas, cómo descubrir un patrón predecible, cómo usar una cuenta de trading, consejos sobre la gestión del riesgo, consejos para el éxito y recursos para ayudarte a lo largo del viaje.

Debe mencionarse que el trading intradía es arriesgado y que la mayoría de la gente que lleva a cabo el trading intradía pierde dinero haciéndolo, especialmente los traders de opciones. Mis resultados no son los típicos. Tu éxito no está garantizado si aprendes conmigo o por tu cuenta. Practica primero con el trading simulado (sobre el papel) antes de poner en juego tu dinero, y nunca pongas en riesgo dinero importante del que de verdad dependa tu vida. No me sigas ciegamente ni a mí ni a nadie.

Primera actualización sobre el trading

Es el 8 de febrero de 2023.

El trading empezaba a las 06:30 h (hora del Pacífico en EE. UU.). Esta mañana me he despertado a las 05:16 h sin la alarma. Simplemente me desperté y miré mi teléfono móvil para ver qué hora era. Me levanté y, en la oscuridad, encontré mis pantalones de chándal, me los puse en silencio, me puse las gafas, metí los pies en mis zapatillas y caminé silenciosamente para salir del dormitorio y no despertar a mi encantadora esposa, la madre de Owen, mi pequeño hijo.

Me fui directo a la cafetera. Vi mi taza, con la inscripción «Trader de 20 Minutos», llené la cafetera de agua, metí una cápsula de café de tueste medio llamada Big Bag, de Pete's Coffee, y presioné el botón. Fui a baño y al regresar la taza estaba llena hasta el borde de un fantástico líquido marrón dador de vida.

Me fui a mi despacho, abrí mi ordenador portátil, vi que tenía algunos *e-mails* y mensajes de texto, los respondí y luego llevé a cabo mi investigación antes de la apertura del mercado para publicar mis opiniones para cualquiera que quisiera leerlas.

Alrededor de las 06:26 h, abrí mi plataforma de trazado de gráficas, me aseguré de que los ajustes fueran correctos, y abrí la aplicación de trading en mi teléfono móvil. Preparé mi operación seleccionando el símbolo de las acciones con las que quería operar en la pantalla de mi teléfono móvil. Ahora todo lo que necesitaba era tocar el botón de «comprar» cuando la gráfica que tenía frente a mí me convenciera de que el precio de las acciones iba a subir basándome en los criterios que había determinado mediante la investigación previa.

A las 06:30 h, el mercado abrió, y las líneas en mi gráfica que mostraban los cambios a cada segundo cobraron vida, subiendo y bajando rápidamente. Por cada segundo que la gráfica avanzaba en el tiempo, las líneas progresaban, desplazándose, con ligeros cambios, por la pantalla como unas lombrices veloces. Una línea monitorizaba el valor cambiante del precio de las acciones, y la otra el valor cambiante de un índice. Estos valores suben, bajan o permanecen iguales a cada segundo. A exactamente las 06:35:04 h, esos criterios que estaba buscando aparecieron, y presioné el botón de «comprar» en mi teléfono móvil.

Pagué exactamente 58 380 dólares para hacer esta inversión. Una vez que lo hice vi, en mi cartera digital, conocida con el nombre de «cartera de valores» en la aplicación de trading que uso, que ahora era propietario de la inversión que había adquirido. Me mostraba que había pagado 58 380 dólares por ella.

Al cabo de diez segundos, emití una orden para venderla por 59 430 dólares, de modo que, si el valor subía hasta esa cifra, se vendiera entonces y ahí por ese precio. Obedientemente, y tal y como se había predicho, el precio de las acciones subió su valor en más de 20 centavos, que era el valor del ascenso que se necesitaba para alcanzar el precio que tenía como objetivo.

A exactamente las 06:36:00, 56 segundos después de haber hecho la compra, el objeto de mi inversión se vendió por 59 430 dólares: 1050 dólares más de lo que pagué por ella.

¿Por qué? Porque cuando identifiqué los criterios del patrón que me decían que el precio de las acciones era probable que subiera una pequeña cantidad, compré. Entonces subió sólo 22 centavos, y como resultado de ello, los artículos que compré se volvieron más valiosos y, por lo tanto, se vendieron por el precio más alto que había solicitado: 1050 dólares más de lo que había pagado 56 segundos antes. En otras palabras, gané 1050 dólares llevando a cabo esa operación, comprando un instrumento del mercado de valores y vendiéndolo por un mejor precio unos momentos después.

A las 06:40:14 h, llevé a cabo una segunda operación mucho menor. Con ésta gané sólo 48 dólares. Mi total en ese día fue de 1098 dólares. Las tarifas y comisiones relacionadas con estas cuatro operaciones (dos compras y dos ventas) fue de 41,13 dólares: el precio de hacer negocios. Por lo tanto, mi beneficio real ese día fue de 1098 dólares menos 41,13, dólares, lo que equivalía a 1056,87 dólares.

Cerré mi ordenador portátil y empecé a dedicarme a otras tareas.

A las 06:44 h hice una captura de pantalla, que puedes ver aquí, junto con la imagen comparativa de cuál era el valor de la cuenta al principio del año, el 3 de enero, antes de haber iniciado ninguna operación (figs. 1.1 y 1.2).

Las capturas de pantalla de la cuenta de trading muestran dos cifras importantes. Se trata de: 1) el valor de la cuenta, que muestra el balance actual de tu cuenta con todas las tarifas y comisiones restadas automáticamente, y 2) el valor desde el inicio del año (*year-to-date*, o YTD), que simplemente significa los beneficios o pérdidas totales desde el primero día del año, sin restar las tarifas ni las comisiones. El valor de la cuenta dice que el 3 de enero (el primer día de trading de 2023) había 50 000 dólares justos, ya que la había proveído así de fondos hasta el último centavo. El YTD muestra 0 dólares y 0 centavos. Ésta es la captura de pantalla del «antes». Algo más de un mes después, el 8 de febrero, verás que el valor de la cuenta es de 64 111,69 dólares, y el YTD muestra 14 933 dólares.

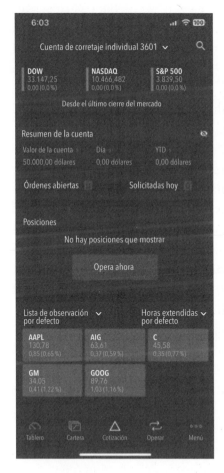

FIGURA 1.1 3 de enero

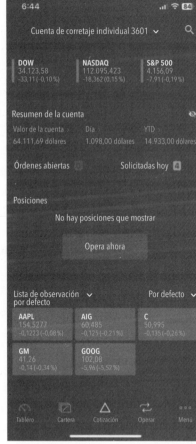

FIGURA 1.2 8 de febrero

Hay dos formas de fijarte en tu beneficio, y ambas se ilustran aquí. Te lo explicaré. Como el beneficio YTD no tiene en cuenta las comisiones ni las tarifas por las operaciones de trading es, de hecho, un poco engañosamente alto. Las comisiones y las tarifas se llevan una considerable parte de tus beneficios, por lo que uno podría mirar esta cifra y pensar que ha conseguido más beneficios que los que en realidad ha logrado. Sin embargo, el valor de la cuenta muestra el balance actual de tu cuenta habiendo restado automáticamente todas las tarifas y comisiones. Puedes usar este valor para calcular tu beneficio real. En las capturas de pantalla anteriores, empecé con 50 000 dólares, y el valor de la cuenta muestra ahora 64 111,69 dólares, por lo que el beneficio real es de sólo 14 111,69 dólares. Sin embargo, el beneficio YTD muestra 14 933 dólares: una diferencia de 821,31 dólares. La cifra real es la inferior, ya que ésa es la cantidad que está en mi cuenta. La cifra YTD es 821 dólares superior debido a las comisiones y las tarifas. La ejecución de cada operación cuesta dinero. Lamentablemente, se me cobran impuestos de acuerdo con la cifra de beneficios superior (la YTD), y no de acuerdo con la inferior (la del incremento del valor de la cuenta). Bueno, bien…, sin embargo, el dinero ganado no está mal.

Se puede ver que mi beneficio consiste en una ganancia en valor del 28 % desde el inicio del año en el transcurso de cinco semanas.

La forma en la que llegué ahí es sencilla. Aprendí cómo predecir un pequeño aumento en unas acciones. Compro justo antes. Vendo cuando alcanza ese nivel, frecuentemente al cabo de unos segundos de haberlas comprado. Hago esto a diario.

Y estoy seguro de que estás leyendo esto para averiguar CÓMO.

Aquí tenemos lo que es genial de esto. He enseñado esto con éxito a gente sin conocimientos que no sabía nada del trading. Dispongo de capturas de pantalla y de extractos bancarios para demostrar mis ganancias, que publico; pero hay una razón por la cual cientos de miles de personas se han inscrito para aprender sobre este método sólo en los últimos meses.

Sumerjámonos en ello.

CAPÍTULO 2

Sigue la estela de la barca

La simplicidad del método de predicción del trader de 20 minutos es como seguir la estela de un gran barco. Hay algo grande avanzando que provoca una cierta ola como consecuencia. Podemos imaginarnos un barco grande que discurre por el mar abierto y una pequeña moto acuática dando saltos debido a la estela.

Le seguimos el rastro a algo grande que se mueve y asumimos que algo más se moverá justo después como respuesta. Nos subimos a ese pequeño movimiento posterior y cuando funciona obtenemos nuestro beneficio.

Es una estrategia bastante intuitiva. Un gran montón de compañías enormes bajan todas ellas y otras compañías les siguen de inmediato. Un gran montón de compañías enormes suben, y un puñado de otras compañías les siguen en su trayectoria ascendente.

Estate atento al movimiento de la cosa grande, espera que las otras se muevan justo después y apuesta por ello. Es así de sencillo, y no puedo creer que funcione, pero seamos claros: tuve que llevar a cabo algunas investigaciones en profundidad para conseguir que el índice de victorias fuera tan alto como lo tengo ahora y para verificar que se puede contar con esto. Antes de entrar en ello, te acompañaré por algunas explicaciones fáciles de algunos conceptos que, de otro modo, serían complicados.

CAPÍTULO 3

¿Qué es el mercado de valores?

Te recomiendo que revises concienzudamente este capítulo aunque tengas experiencia en este tema. Recuerda que ya he trabajado individualmente con cientos de personas e indirectamente con cientos de miles: desde traders muy experimentados hasta personas completamente inexpertas. Todos aprendieron con esta explicación. En el caso de los expertos, frecuentemente quedaron boquiabiertos al darse cuenta de que no eran conscientes de algunos de los aspectos MÁS BÁSICOS del mercado de valores y agradecieron comprenderlos mejor.

«Acciones» significan propiedad.

Si tienes acciones de una compañía, eso significa que posees parte de esa compañía.

La razón por la que en inglés se llama a las acciones *stocks* es bastante divertida. En Inglaterra, el mercado de valores (acciones) se encontraba, hace siglos, justo al lado de un mercado de carne y pescado llamado Great Stocks Market. En ese mercado había un puñado de animales alojados y expuestos en unas estructuras de madera, y también se exponía a delincuentes atados a cepos, con unas planchas de madera con agujeros para que metieran la cabeza y las extremidades. Estas estructuras de madera para confinar y mostrar a los animales se conocían con el nombre de «listones» *(stocks* en inglés). Ésta es la razón por la cual el lugar en el que vendían pescado y carne se llamó Great Stocks Market (Gran Mercado de los Listones).

Mientras tanto, se daban operaciones de trading por toda esa zona, con los brókeres y los traders vendiendo sus acciones en las cafeterías y en el Royal Exchange (Bolsa

Real), que estaban, todos ellos, en esa zona, alrededor del mercado. Estos tipos salían a hacer negocios y decían: «Me voy al Stocks Market para comprar y vender acciones». De aquí salió el término *Stock Market* (mercado de valores o Bolsa).

La palabra *«stock»* («listón») se remonta a «madera» o «tronco de árbol», lo que, por supuesto, hace referencia a los bloques de madera con los que se hacían los cepos.

Por lo tanto, ese lugar era donde se acudía para comprar mercancías y acciones cerca de tipos atados a un cepo.

Al final, y debido a esto, la palabra *«stock»* (acción o valor) llegó a significar «propiedad», y en todo el mundo anglófono se habla de *stocks*.

La gente del mercado de valores lleva, típicamente, una vida angustiosamente estresada, por lo que creo que es bastante «simpático» que, en inglés, la derivación del nombre de ese lugar proceda de un instrumento de tortura para delincuentes.

Se ha negociado con acciones desde hace miles de años. Se han encontrado pruebas de negocios con acciones en la Roma previa al imperio y en otras partes no relacionadas del mundo.

Los negocios u operaciones de compra y venta (trading) de acciones o valores son, aparentemente, una conducta natural para los humanos. Los castores construyen presas, los topos cavan hoyos, las aves construyen nidos y los humanos negocian con acciones.

Para obtener dinero, una compañía puede vender porciones de sí misma a la gente e incrementar el número de propietarios de esa empresa, dando a esos nuevos propietarios la posibilidad de que se les pague con parte de los beneficios de esa compañía. Los propietarios también se benefician económicamente de un aumento en el valor de la empresa en su conjunto.

El mayor mercado de valores del mundo se encuentra en Estados Unidos, y gestiona más de treinta billones de dólares. Las acciones solían negociarse con pedazos de papel que personas llamadas brókeres llevaban encima a lomos de caballos o en carruajes de un lugar a otro, comprando y vendiendo acciones por unos beneficios entre los inversores y los accionistas. Se daba, principalmente, en la Costa Este de EE. UU. Sí, se trataba del Salvaje Este del trading con acciones.

Dándose todo esto fundamentalmente en la Costa Este, en esos tiempos las acciones se vendían en reuniones celebradas en cafeterías y en las calles, sin un sistema concreto asentado. La logística era complicada y requería de regulación para estandarizar la compra y la venta de las acciones. Los brókeres ayudaban a los inversores y los accionistas a operar con sus acciones y recibían comisiones en el proceso. Finalmente, el 17 de mayo de 1792, un grupo de veinticuatro brókeres se reunió en una carretera de tierra llamada Wall Street en una región llamada Nueva York. Firmaron, bajo un sicómoro, los documentos iniciales de lo que hoy se conoce como la Bolsa de Nueva York (New York Stock Exchange o NYSE).

En esa época, se trataba de una reunión de brókeres sentados en sillas o *asientos* y subastando sus acciones en un entorno más regulado y sensato. Cada bróker tenía un «asiento» en la Bolsa de Nueva York. En esa época se trataba de una silla real. El acceso a un asiento en la Bolsa de Nueva York, para permitir que alguien formara parte del trading, ha sido una posición envidiada desde el primer día de su formación en el siglo XVIII. En la actualidad hay cientos de «asientos» en la Bolsa de Nueva York que proporcionan a un bróker o a una correduría acceso a la compra y la venta de las acciones de sus clientes a otros clientes, brókeres o correurías directamente.

Un bróker es alguien que compra o vende en nombre de otra persona. Una *correuría* es un conjunto de brókeres organizados en forma de un grupo, compañía, institución o empresa. El vocablo «bróker» procede de la palabra francesa *brocour*, que significa alguien que coloca una espita en un barril y le sirve el vino a un cliente para facilitar su consumo. El *brocour* sería el que colocaría la espita y escanciaría el vino para un cliente, de forma muy parecida a cómo un corredor de Bolsa (bróker) facilita la transacción de comprar o vender acciones en nombre de clientes para que, con suerte, beban el vino de los beneficios.

Para que una compañía pueda hacer que se opere con sus acciones en un mercado de valores (Bolsa), debe *empezar a cotizar en Bolsa* con una oferta pública inicial (OPI). Esto simplemente consiste en que una empresa sea valorada por una institución y que luego se divida en miles, millones o incluso miles de millones de porciones, y luego ofrecerse a vender estas porciones por el valor que tenga la compañía dividido entre el número de porciones. Si la empresa se valoró en 20 millones de dólares y se dividió en un millón de porciones, cada una de ellas valdría 20 dólares durante la oferta pública inicial. Después de que esas porciones (llamadas *acciones*) se vendan, hay entonces miles de nuevos propietarios de la compañía, y los antiguos propietarios tienen un montón de dinero. Ésa es, ya para empezar, la principal razón por la que hicieron esto. Con este dinero pueden liquidar sus deudas con los inversores originales, pagarse a sí mismos, reinvertir en la compañía, hacerla crecer, hacer que las acciones que todavía posean tengan todavía más valor y hacer que las acciones poseídas por los nuevos accionistas sean más valiosas.

Cuando los accionistas venden sus acciones o compran más, la cantidad de cada transacción se muestra en lo que se llama el teletipo bursátil *(ticker)*. El *ticker* es el último precio de una transacción por una acción o acciones de una compañía.

Si el precio de las acciones de una compañía es de veinte dólares y un único accionista vende una de sus acciones a alguien por veinticinco dólares, el teletipo bursátil mostrará la cifra de veinticinco dólares como el nuevo precio de las acciones. Se llama *ticker* en inglés porque estos precios cambiantes de las acciones se procesaban en una máquina que emitía un sonido metálico parecido a un tictac siempre que la cifra cambiaba.

Hay numerosos factores que provocan que el precio de unas acciones cambie, pero lo más simple es la oferta y la demanda en su forma más cruda. Es como una mezcla entre una subasta y el regateo (como alguien que se compra un coche de segunda mano). La gente pone sus acciones en el mercado para venderlas por un cierto precio, mientras que otras personas emiten órdenes de compra por un precio inferior. Llegan a un acuerdo mutuo en una dirección o en la otra y se produce así una transacción.

Si la compañía ABC vende manzanas a verdulerías y está aumentando de valor a medida que consigue más huertos de árboles frutales y más clientes, esto podría inspirar a los inversores a comprar acciones de dicha empresa, con la confianza de que el precio de las acciones aumentará en el futuro. Si aparece un escándalo en la prensa sobre el uso de pesticidas que provocan problemas de salud en los huertos de árboles frutales, la gente pensará que el futuro de la compañía está en peligro e intentará deshacerse de sus acciones. Para hacerlo, deberán seguir reduciendo sus precios para encontrar compradores. Si nadie quiere comprar las acciones mientras los vendedores quieren desprenderse de ellas, el precio bajará.

El precio de las acciones de la compañía ABC también se ve fuertemente influido por asuntos generales del mercado de valores. Si, por ejemplo, a la economía no le está yendo bien y el desempleo está creciendo, mientras el valor de los Bonos del Tesoro del país aumenta (los bonos son otra forma de invertir en la que prestas dinero al Estado adquiriendo un «bono» con un pago de intereses en un período de tiempo especificado), la gente liquidará sus acciones por las ganancias más seguras y garantizadas que proporcionan los Bonos del Tesoro del país. Esto no es culpa de la compañía ABC, ya que puede que esta empresa lo esté haciendo fantásticamente, pero la sensación general con respecto al mercado de valores provocará que los inversores saquen sus fondos de allá donde se encuentren y los reinviertan en instrumentos más estables. Este mero hecho hará que las acciones de ABC reduzcan su valor mientras los vendedores tienen que bajar su precio para hacer que los compradores estén dispuestos a comprar las acciones. Oferta y demanda.

Ayer mismo, mi mujer estaba intentando vender algunos taburetes que no necesitábamos en Facebook Marketplace, y nadie los compraba. Le dije que bajara el precio y se vendieron de inmediato. Si comprendes este concepto, comprendes cómo funcionan los precios en la Bolsa.

Otros factores desempeñan un papel enorme en los cambios de precio de las acciones. El miedo de una gran caída en el mercado en general, el miedo de perderse un tremendo aumento que se ha predicho, datos sobre una compañía concreta que hacen que la gente piense que se encuentra en una trayectoria ascendente o descendente, y otras mil cosas provocan que los precios de las acciones cambien.

Si quieres ponerte más filosófico, podemos hablar de lo que llamo «prediciendo predicciones». Cada vez que alguien compra o vende unas acciones, está *prediciendo* que en el futuro el precio de esas acciones cambiará a su favor; pero si cambia en el futuro, eso se debe a que el precio de las acciones se basará entonces en la predicción futura de otra persona. El precio existente en cualquier momento es el equilibrio exacto entre los pesimistas y los optimistas (a los que se conoce en el mundo de la Bolsa como los Osos y los Toros, respectivamente) prediciendo. Los osos creen que el precio bajará, y los toros que subirá. Cuando compras acciones de Apple, esto se debe a que estás prediciendo que en el futuro su precio será mayor, pero será mayor porque la persona futura que te compre las acciones también estará prediciendo que esas acciones aumentarán incluso más de valor, que es la razón por la cual las comprará. Por lo tanto, estás prediciendo predicciones.

Los brókeres facilitan las adquisiciones y ventas de estos precios de las acciones. En la actualidad, la mayoría de las operaciones se realizan electrónicamente a través de corredurías automatizadas y compras y ventas computarizadas. Esto ha sido cada vez más así desde la década de 1990.

Hay cientos de corredurías con asientos en los mercados de valores. Cada una de estas corredurías gestiona desde millones hasta, en algunos casos, billones de dólares del dinero de sus clientes, que se usa para comprar partes de la propiedad de otras compañías en un intento por estimar qué empresas van a ver aumentado el precio de sus acciones y así comprar las acciones de esas compañías. Después de que las acciones de una compañía asciendan, la gente intentará vendérselas a otros por una cantidad mayor que aquélla por la que las compraron. Intenta decir todo eso sin respirar. Reléelo si lo crees necesario.

Porque, de media, el valor total de la Bolsa aumenta en un porcentaje importante cada año: el valor total de la Bolsa es positivo. Pero eso no significa que todos los inversores obtengan beneficios en el mercado de valores. Los traders intradía tienen los peores registros de éxitos de entre todos. Un trader intradía es alguien que compra y vende en un mismo día en un intento por adivinar incrementos o descensos y jugar con ellos.

Hay miles de símbolos, indicadores, dispositivos, máquinas, bots, algoritmos, métodos, técnicas, profesiones, expertos, cursos, teorías, estudios y empleos relacionados con el mercado de valores. La idea básica se basa en la propiedad de una parte de una compañía y en obtener las pérdidas o las recompensas relacionadas con esa propiedad. El resto de las cosas derivan de ello, ya sean profundamente abstractas y difíciles de comprender o sencillas y claras.

Muchos países tienen su propias Bolsas. Está la Bolsa de Londres, la de Tokio, la de China, la de Alemania y docenas más. Cada una de ellas funciona de forma similar, y muchos mercados de valores interactúan con la Bolsa de Nueva York. Ésta es la mayor en términos de volúmenes de negocio y la cantidad de dinero implicada.

Una vez más, cada Bolsa no es más que un conjunto de corredurías que se han unido para crear un sistema de trading estandarizado. Se han creado agencias gubernamentales para regular las actividades de la Bolsa para ayudar a proteger a la gente, evitando que quede completamente barrida desde el punto de vista económico y para evitar que se den actividades delictivas en el escenario de los negocios u operaciones de compra y venta (trading) de acciones.

En la actualidad hay numerosas formas de operar en el mercado de valores. Una persona normal y corriente puede, simplemente, crear una cuenta en Robinhood o E*TRADE o alguna otra plataforma de brókeres y empezar a comprar y vender acciones y su multitud de productos derivados.

En los últimos diez años especialmente ha habido un incremento importante del número de traders que operan desde casa, llamados traders *minoristas*. Esto se debe a que el uso de Internet y de las redes sociales han sacado a la luz la capacidad de hacerlo y a la facilidad de inscribirse en cuentas de trading gracias a los avances tecnológicos.

Esto probablemente haya cambiado el campo de juego radicalmente. Lamentablemente, la mayoría de la gente pierde dinero en la Bolsa, y podría decirse que el mercado de valores ha sido usado por las instituciones como una forma de chupar todavía más dinero de la gente corriente de todo el mundo. Imagina que una aspiradora sobrevolara el país, planeando de un lado a otro para succionar el dinero de la buena gente de la nación. Ése es, desafortunadamente, el resultado final común del mercado de valores. A no ser que dispongas de una ventaja o de un truco para vencer al sistema, hubiera sido mejor que hubieras metido tu dinero en un fondo indexado y que no lo tocaras nunca. De otro modo, tus probabilidades de perder montones de dinero son de alrededor de un 85-90 %.

Dicho esto, el mercado de valores PUEDE ser vencido, y creo que dispongo de una forma de conseguirlo.

CAPÍTULO 4

Actualización sobre el trading

Hoy es el 12 de marzo, domingo. El cambio de hora para ahorrar energía nos quitó una hora anoche: la tradición continuada más tonta que nadie que yo conozca respalde o disfrute.

Así es como me está yendo con el trading en este momento. Hasta ahora han pasado cuarenta y siete días de trading este año, y he tenido cuarenta días victoriosos y siete de pérdidas. Mi cuenta se ha incrementado en un 57,6 %. La cuenta ha crecido 28 815 dólares en 2023, empleando 50 000 dólares capital inicial.

He introducido mi fórmula agradablemente mientras he seguido siendo un «esnob de las señales de compra», sin realizar ningún movimiento a no ser que esté completamente convencido. ¡Los incrementos en el valor de la cuenta se mueven mucho más rápido de lo que esperaba! Lo que es todavía más interesante es que el incremento medio diario de mi cuenta es de sólo el 0,9 %. Este interés compuesto a lo largo de cuarenta y siete días equivale a un beneficio de cerca del 60 %.

Por comentar el ambiente hoy, hace dos días, el Silicon Valley Bank colapsó tras el cierre de la Bolsa y todo el mundo financiero ha estado hablando de ello. No sabemos qué nos traerá el lunes. Quizás el cierre de múltiples bancos y unas retiradas de efectivo alocadas que inmovilizarán el mundo. Probablemente sepas lo que pasó porque estás leyendo este libro bastante tiempo después de este suceso, pero lo que resulta doblemente interesante es que para este sistema del trader de 20 minutos no me importa mientras mi cuenta de trading permanezca intacta, ya que mi sistema no depende en forma alguna de la salud del mercado o de la falta de ella. Simplemente depende de ser capaz de predecir un salto diminuto una vez por día, y en acertar más veces de las que se falla.

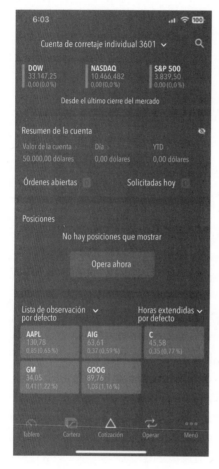

FIGURA 4.1   3 de enero   **FIGURA 4.2**   12 de marzo

¡Veamos cómo progresan las cosas!

CAPÍTULO 5

Términos del trading simplificados

R evisemos algunos términos que necesitarás comprender para llevar a cabo un trading como trader de 20 minutos. Vuelve a remitirte a este capítulo a modo de glosario según lo necesites cuando te encuentres con estos términos más adelante.

Mientras estés leyendo estos vocablos, puede que te resulten más difíciles si eres novato, ya que no habrás visto las páginas de operaciones de una plataforma de trading en las que aparecerán estos términos.

Haré que estas definiciones sean lo más sencillas que sea posible, de modo que cuando navegues por una plataforma de trading estés familiarizado con parte de la terminología con la que te encontrarás. Sin embargo, para pintar un cuadro sobre cómo funciona esto proporcionaré un ejemplo de cómo es la ejecución de una operación. Visualiza esta descripción para tener el contexto para los términos que vendrán a continuación.

Son las 09:30 h (hora de la Costa Este en EE. UU.). Estás sentado en un escritorio o a la mesa en tu casa. Tienes, delante de ti, un ordenador portátil y un teléfono inteligente. En el ordenador portátil hay una gráfica sencilla. En la parte inferior de la gráfica están los valores de tiempo que van de las 09:30 a las 09:45 h y los intervalos intermedios, como las 09:31 h, las 09:32 h, etc. El título de la gráfica es AAPL, el código que el mercado de valores usa para representar las acciones de Apple, que oscilan desde 175 dólares en su punto inferior y 190 dólares en su punto superior. En medio del monitor hay una línea dentada que va de izquierda a derecha que tiene el aspecto de cualquier gráfica o representación normal, con la línea mostrando altibajos con unos valores pequeños y grandes. Esta línea representa el precio cambiante de las acciones de Apple. Según vas observando la línea, ésta cambia, moviéndose hacia arriba y hacia abajo a medida que los inversores compran las acciones por más o menos dinero del que valían hace unos momentos.

En tu *smartphone* hay un despliegue de tu cuenta de trading, con la que emites órdenes de operaciones, comprando o vendiendo acciones directamente en la aplicación. Navegas hacia la página que te permite comprar acciones, introduces el código de Apple («AAPL») y seleccionas cuántas acciones te gustaría comprar y por qué precio: algo parecido a pedir algo en un minorista *online*. Entonces envías la orden. Se ejecuta y ahora puedes ver, expuesto en una página especial, que posees algunas acciones de Apple. El precio de las acciones de Apple aumenta y decides venderlas. Seleccionas las acciones y se te concede la opción de venderlas, cosa que también escoges. Entonces envías la orden, que se satisface cuando alguien adquiere tus acciones. El beneficio obtenido con esta transacción se te muestra, al igual que el valor total de la cuenta, y el beneficio o las pérdidas totales que llevas hasta el momento en el año actual. Este tipo de cuenta que usas se llama *cuenta de bróker, cuenta de trading* o *cuenta de corretaje*.

Al navegar por esta cuenta o hablar sobre este asunto, se usan términos y símbolos para comunicar conceptos aplicables, y los principales que debes conocer aparecen listados y definidos a continuación.

BRÓKER/CORREDURÍA/CORRETAJE

sustantivo

Una entidad financiera que tiene tu dinero y emite órdenes de compras y ventas en tu nombre. Una cuenta de bróker o cuenta de corretaje es como una cuenta bancaria en la que está el dinero del cliente para usarlo para compras y ventas de las órdenes del cliente.

VALORES

sustantivo

Pruebas de la propiedad, certificados de propiedad o títulos de propiedad que tienen un precio y que pueden comprarse o venderse. Las acciones y los bonos son valores.

BONOS

sustantivo

Se trata de certificados de que compras a un gobierno, una corporación u otro organismo que acumulan intereses y vencen más adelante, a un valor superior al precio de compra. Los bonos son una forma que tiene un gobierno, una compañía o una entidad de tomar dinero prestado de muchas personas y devolverlo más adelante.

Para la persona que compra el bono, se trata de una forma de hacer que el dinero genere dinero, ya que se obtienen intereses con el paso del tiempo, consistiendo esto, en esencia, en prestar dinero para obtener un interés más adelante. Estos instrumentos están incluidos entre los valores y pueden comprarse y venderse como activos en sí mismos.

POSICIÓN
sustantivo

Cada valor que posees es una posición. Una lista de tus valores y su estado y precio equivale a tus *posiciones*. Cubierta bajo el término «posiciones» de cada ítem que posees hay información tal como la cantidad original gastada en cada inversión concreta, el precio o valor actual y, por consiguiente, el beneficio o la pérdida. Si poseyeses diez acciones de Apple, eso sería una posición. Si tuvieras cinco acciones de Tesla, eso supondría otra posición.

CARTERA DE INVERSIÓN
sustantivo

Tu *cartera de inversión* es una lista de tus posiciones, su coste original, su valor actual y cómo les está yendo en términos de beneficios o pérdidas.

COMPRAR
verbo

Adquirir un valor.

COMPRA
Sustantivo

La adquisición de un valor. Por ejemplo: «¿Cuál fue el precio de la acción en su compra?».

VENDER
verbo

Poner a la venta un valor que posees por un precio y la consiguiente transferencia de propiedad tras el pago.

VENTA

sustantivo

La acción de vender un valor. Por ejemplo: «Esa venta fue rentable».

OFERTA/PUJA/PRECIO DE COMPRA O DE OFERTA

sustantivo

Una cantidad por la cual un comprador propone adquirir un valor, como en una subasta en la que alguien ofrece un precio. «La oferta fue de veinticinco dólares por las acciones».

DEMANDA/PRECIO DE VENTA O DE DEMANDA

sustantivo

El precio al que se ofrece una posición para su venta. «Su demanda fue de 101 dólares por las acciones que quiere vender».

Nota de uso: Tanto una *oferta* como una *demanda* son precios propuestos por una transacción. Sin embargo, una *oferta* es desde el punto de vista del comprador y una *demanda* es desde el punto de vista del vendedor. Estos valores se te muestran en tu plataforma de trading, de modo que puedas ver los precios corrientes del valor en el que estés interesado.

Aquí tenemos algunas frases que emplean algunos de los términos descritos anteriormente para darte una idea de cómo se usan en el mundo el trading.

«Podrías emitir una *oferta* de cien dólares para *comprar* una acción de ABC a través de tu *correduría*. Un accionista podría solicitar un *precio de venta* de 101 dólares mediante su *correduría* por el cual *vender* esa acción. No se producirá ninguna transacción hasta que cedas a la cantidad propuesta por la otra parte o hasta que ambos lleguéis a un acuerdo, igual que sucede en cualquier negociación».

«El accionista cambia de opinión y decide emitir un *precio de venta* por la cantidad de tu *oferta,* por lo que se produce la transacción y ahora posees este *valor*. Si miras en tu *cartera de inversión,* en el apartado de *posiciones,* verás las acciones de ABC, cuánto pagaste por ellas, su valor actual y el beneficio o las pérdidas resultantes».

MEDIO

sustantivo

El punto intermedio entre el mayor precio de compra y el menor precio de venta. Simplemente, la media matemática entre estas dos cifras. Si el precio de venta de un accionista es de 101 dólares y la oferta de un comprador es de 99 dólares, el *medio* es 100 dólares.

Nota de uso: *Medio* se usa cuando emites una orden para comprar o vender. Un inversor que pretenda comprar diez acciones de ABC mira una página de órdenes, y aparece listada en ella la mayor oferta o precio de compra por esta acción en el mercado y su menor precio de venta, además del *medio* entre estos dos valores. Esta cifra *media* actúa a modo del valor estimado que el inversor se gastará en el momento en el que se dé una adquisición. Estas cifras cambian constantemente mientras el mercado está abierto.

MARCA
sustantivo

Significa lo mismo que medio, pero se usa, dada tu posición, al estimar el beneficio o las pérdidas actuales de un valor. Ejemplo: si has adquirido acciones de ABC por 115 dólares y el medio corriente actual (el valor intermedio entre el precio de compra y el de venta) es de 118 dólares, entonces, al mirar tu posición con respecto al valor, la palabra «marca» se usará para comunicarte a ti, el inversor, la cotización corriente o actual de tu valor. En este caso, el medio es de 118 dólares. Como en este momento posees ese valor, tu cartera de inversión mostrará una posición que vale 118 dólares, y en este contexto recibirá el nombre de marca.

También habrá una columna o categoría llamada beneficio o pérdidas (o BoP), que mostrará un beneficio de tres dólares (habiendo comprado las acciones a 115 dólares, y estando valoradas ahora en una marca de 118 dólares). En nuestro ejemplo, habiendo adquirido las acciones por 115 dólares y teniendo ahora una marca de 118 dólares, la cifra de beneficio sería de +3 dólares.

Nota de uso: La diferencia entre *medio* y *marca: medio* se usa para estimar el precio de un valor al emitir una orden de compra o venta. *Marca* se usa al mirar una posición y determinar su beneficio o pérdidas. De otro modo, tiene el mismo significado y se calculan de la misma forma: la media matemática exacta de la orden de compra más alta (una oferta para comprar acciones) que se ha emitido y la orden de venta más baja (una demanda para vender acciones).

DIFERENCIAL/HORQUILLA DE PRECIOS
sustantivo

Es la distancia entre el mayor precio de compra y el menor precio de venta. En el ejemplo anterior, el precio de compra más alto para las acciones de ABC es de

99 dólares, y el precio de venta más bajo es de 101 dólares. El diferencial u horquilla es de 2 dólares. Este valor rara vez se muestra a los traders, pero es algo que los traders y los inversores quieren conocer frecuentemente, por lo que calcularán esta cifra ellos mismos fijándose rápidamente en el precio de venta y el de compra y calculando la diferencia.

ORDEN DE COMPRA

sustantivo

Una orden emitida a través de tu correduría por un valor, tanto si la orden se ha ejecutado como si no. Es, simplemente, la petición emitida para adquirir: la llamamos *orden de compra*.

ORDEN DE VENTA

sustantivo

Se trata de una orden emitida a través de tu correduría para vender una posición, tanto si la orden se ha ejecutado como si no.

ABIERTA (ORDEN)

sustantivo

1. Una orden de compra o de venta que todavía no se ha cerrado o ejecutado. Cuando miras tu lista de órdenes en tu plataforma de trading, si una orden de compra o de venta todavía no se ha ejecutado, se mostrará la palaba *«abierta»* en tu cartera de inversión. Has emitido la orden de compra o de venta, pero la transacción no se ha efectuado.
2. A veces verás la frase «comprar para abrir» («*buy to open*») cuando estés navegando por la página web o la aplicación de la correduría. Esto significa, simplemente, «comprar». Cuando compras un valor, se dice que estás «abriendo una posición».

Nota de uso: «Comprar para abrir» y «orden abierta» son dos conceptos distintos. Una *orden abierta* simplemente significa que la orden ha sido emitida, pero que nadie ha llevado a cabo ninguna acción al respecto, tanto si estás intentando comprar como vender. *Comprar para abrir* significa que estarías adquiriendo. *Comprar* y *comprar para abrir* quieren decir lo mismo. Si alguien emite una orden de compra, pero esa orden no se ha ejecutado todavía, se podría decir que tienes una «orden abierta para comprar para abrir». En este ejemplo, la palabra *abierto/abrir* tiene dos significados distintos.

CIERRE/CERRADO/CERRAR

sustantivo

El punto en el que el mercado ha acabado por ese día (en el caso del mercado estadounidense hablamos de las 16:00h en la hora de la Costa Este). Ejemplo: «Las acciones acabaron subiendo un 1,2 % al *cierre*».

verbo

Vender una posición o un valor que posees. Algunas plataformas hacen referencia a esto como *vender para cerrar* (lo opuesto a esto es *comprar para abrir*).

Nota de uso: «Vender para cerrar» significa lo mismo que «vender», mientras que el cierre del mercado es un concepto completamente distinto.

COMPLETADA

verbo

La transacción ha superado una orden de compra o de venta y ya no es una orden abierta.

EJECUTADA

verbo

Una orden de compra o de venta se han llevado a cabo. Esto significa lo mismo que *completada* y puede aparecer en una notificación o un cartel procedente de tu bróker diciéndote que una orden se ha llevado a cabo.

LIMITADA

adjetivo

Al emitir una orden de compra o una orden de venta, se le pide al inversor que elija un «tipo de orden». Una *orden limitada* es un tipo de orden en la que el inversor especifica un precio mínimo exacto por la venta de un valor o un precio máximo exacto por la compra de valores. En otras palabras, el bróker se verá limitado por una cantidad máxima exacta al comprar y no gastará ni un centavo más para adquirir un valor, y se verá limitado por una cantidad mínima exacta al vender y no venderá el valor por una cantidad inferior a ésa.

Nota de uso: Si se selecciona el «*límite*», entonces se pregunta al trader/inversor por el *precio límite*. La correduría llevará a cabo la orden sin descender más allá de este precio límite para la venta de una posición ni superar este precio límite en el caso de la compra de un valor.

Ejemplo: Yo decido que quiero comprar acciones de Apple por no más de 175 dólares por acción. Su precio actual al tomar esta decisión es de 178 dólares. Emito una orden limitada por 175 dólares para comprar 10 acciones de Apple. El bróker hace pública esta oferta en el conjunto de transacciones a las que tiene acceso, buscando a un vendedor que esté dispuesto a desprenderse de sus acciones por 175 dólares. Puede que no haya tales vendedores, en cuyo caso la orden permanecerá *abierta* hasta que el precio caiga lo suficiente como para que, finalmente, alguien esté dispuesto a vender las acciones por ese precio.

Tras esto, el trader emite otra *orden limitada* para vender las acciones por una cantidad NO INFERIOR a 178 dólares. Este trader simplemente elige *Orden limitada* cuando se le pregunta por el tipo de orden deseada y entonces se le pregunta el precio. Este trader escoge 178 dólares. El resultado es que la correduría no las venderá por menos de esa cantidad bajo ningún concepto. La orden permanece abierta hasta que el precio suba lo suficiente como para que alguien haga una oferta de 178 dólares por las acciones y la correduría las venda por ese precio.

DE MERCADO

adjetivo

Un tipo de orden que un inversor puede elegir en la que el bróker llevará a cabo la transacción al precio de compra más alto disponible para la venta de una posición, o al precio de venta más bajo disponible para la compra de un valor. En esencia, se comprará o venderá al precio de mercado corriente, generalmente para entrar o salir lo más rápidamente posible.

Nota de uso: *Limitada* y *de mercado* son los dos tipos de órdenes más comunes con las que interactuarás. Seleccionarás órdenes limitadas para regular la cantidad que gastes o el precio por el que vendas algo, para así no perder dinero innecesariamente. Elegirás *de mercado* si quieres entrar en o salir de una posición rápidamente y estás dispuesto a perder algo de dinero para hacerlo.

BASE DEL COSTO

sustantivo

Lo que has pagado originalmente por un valor concreto. Esto aparecerá en tu cartera de inversión al observar una posición.

ÍNDICE

sustantivo

Una gráfica o una cifra creada por una institución financiera o revista especializada para ayudar a diagnosticar cómo le está yendo al mercado general en comparación con tiempos pasados. La cifra escogida para el índice suele consistir en una combinación de los valores de las acciones de un cierto número de compañías, con una ecuación adicional implicada que permite que las empresas sean ponderadas adecuadamente en el índice. Los índices representan algún aspecto del mercado de valores o a éste en su conjunto, e intentan estimar su estado de salud y, por lo tanto, actuar como un indicador fijándose en si la cifra esté aumentando o descendiendo.

YTD *(Year-to-date* o valor desde el inicio del año)

sustantivo

El beneficio o las pérdidas totales que has tenido desde el 1 de enero de este año hasta el momento actual en la cuenta mostrada.

OPCIONES DE COMPRA

sustantivo

Véase el siguiente capítulo con respecto a esta definición.

CAPÍTULO 6

¿Qué es una opción de compra?

Comprender las acciones es bastante fácil. Una parte de una compañía. Tienen un valor. Las posees durante un tiempo y las vendes, con suerte, por un beneficio.

Bueno, resulta que hay otro puñado de instrumentos que derivan de las acciones y que también pueden comprarse y venderse por un beneficio o unas pérdidas.

Las opciones son, simplemente, lo suficientemente confusas como para mantener a mucha gente alejada de trabajar con ellas, pero también son lo suficientemente fáciles como para que el trader minorista que no es un experto pueda superar la incomodidad de aprender qué son y, potencialmente, beneficiarse de este conocimiento.

Imagina que sólo dispusieses de 1000 dólares para invertir y que estuvieses buscando unas acciones como Apple, que cotiza a unos 150 dólares. Realizas cálculos matemáticos y te das cuenta de que la máxima cantidad que puedes comprar es de unas seis acciones. Por lo tanto, si compras esas seis acciones y éstas aumentan su precio en cinco dólares, ganarías treinta dólares. No es demasiado increíble, pero las matemáticas son claras.

¿Qué pasaría si te dijera que puedes alquilar cien acciones de Apple usando esos mil dólares y obtener los mismos beneficios que conseguirías si tuvieras cien acciones en lugar de sólo seis? Entonces, si el precio de cada acción subiera cinco dólares, ganarías quinientos dólares.

Eso es algo parecido a lo que son las opciones de compra. Por supuesto, si el precio de las acciones descendiese cinco dólares, perderías quinientos dólares. Por lo tanto, inviertes los mil dólares adquiriendo una opción de compra, y si el precio cambia cinco dólares, ganas o pierdes quinientos dólares. Si resulta que tuvieses un elevado grado de certidumbre de que el precio fuera a subir, entonces las opciones de compra serían el boleto ganador de la lotería, la gallina de los huevos de oro, una escalera real en el póquer. De otro modo, es una simple apuesta, y hay una razón por la cual los casinos de Las Vegas son tan lucrativos. Los jugadores pierden mucho dinero en favor de la banca.

Por cierto, los cambios de precio en relación con las opciones de compra no son realmente tan precisos, lo que significa que no es exactamente como si poseyeses cien acciones, pero está lo suficientemente cerca como para que la analogía del alquiler funcione. Pese a ello, esto no es lo que está sucediendo realmente, pero la idea de cómo funcionan estos instrumentos se ha explicado de la mejor forma posible como algo similar a alquilar cien acciones cuando definía esto a las decenas de miles de personas a las que he intentado enseñar qué son las opciones.

Mientras desgloso la definición real de las opciones de compra, quiero que recuerdes que la definición real de las opciones de compra no importa tanto como la analogía del alquiler que se me ocurrió: El 99,999 % de la gente que interactuará con las opciones de compra las adquiere con la esperanza de que aumenten de precio, y luego las venderán, exactamente igual que en el caso de las acciones. La gente puede comprarlas y venderlas como churros, y no le importa lo que suceda después con la opción de compra. La verdadera comprensión de las opciones de compra y de su uso sólo aplica al diminuto porcentaje de gente que necesita conocer y usar la definición técnica. Por lo tanto, mientras te proporciono esta definición técnica y verdadera, no pienses que tienes que hacer algo debido a estos conceptos. Lo único que le importa a la gente como nosotros es que, cuando adquirimos opciones de compra, alquilamos, en esencia, un puñado de acciones y esperamos venderlas por un precio superior al de compra. Es tan sencillo como eso.

¿Qué es una opción de compra, en realidad? Es una reserva de cien acciones de los valores de alguien. Si adquieres una opción de compra, esto es lo que estás diciendo: «Oye, apártame esas cien acciones para las próximas dos semanas y resérvamelas para comprarlas a un precio fijado concreto. Aquí tienes mil dólares por el contrato que garantiza eso. De acuerdo, firma aquí. ¡Genial! ¡Gracias!».

Déjame señalarte aquí un elemento clave: el precio fijado de reserva. Este accionista te está vendiendo un contrato que especifica que puedes comprar sus cien acciones por un precio fijado, especificado, como si se tratase de un cupón. Recuérdalo mientras aprendes más acerca de esto. Recuerda, además, que a este accionista no se le permite vendérselas a nadie una vez que se haya formalizado (comprado) el contrato. Las acciones están reservadas para el propietario del contrato de la opción de compra, que tiene el derecho exclusivo para adquirirlas, y de aquí el empleo del término *opción*.

Como el precio de las acciones reservadas está fijado, si el precio de mercado en tiempo real de esas acciones sube, el valor del contrato que posees también sube. Porque ahora tienes la capacidad de comprar esas cien acciones por un precio menor al que tienen en este momento. Valor instantáneo. Es como tener un contrato para comprar un Mercedes por un precio fijado de cuarenta mil dólares y que luego resulte que ese Mercedes vale ahora setenta mil dólares, pero se te sigue garantizando el precio acordado de cuarenta mil dólares. Bueno, ese contrato tendrá un valor de por lo menos treinta mil dólares, inherentemente. Es justo más o menos en este momento cuando la gente que aborrecía el colegio empieza a decir: «Las opciones de compra no son para mí. Hay demasiadas matemáticas implicadas. Odiaba las matemáticas en el colegio». Sin embargo, te puedo garantizar que si puedes superar el comprender este poquito de matemáticas entonces las opciones de compra será pan comido para ti.

Revisaremos los siete u ocho elementos y componentes de una opción de compra, pero quiero volver a hacer hincapié en el aspecto principal como principio rector del contrato de una opción de compra que aplica al 99,99 % de los traders, y ésta debería seguir siendo la cosa que comprendas acerca de ellos. Porque mientras hablamos del resto de estos elementos, es probable que un trader que opere siempre desde su hogar empiece a preguntarse qué necesita hacer con esta información y podría confundirse y desanimarse. Quiero mencionar esto de antemano, de modo que cuando lo oigas, siempre te recuerdes a ti mismo que la idea básica para el 99,99 % de traders que usan las opciones de compra es la siguiente:

Adquieres la opción de compra cuando el precio de la acción de la compañía está a un cierto valor. Si el precio de la acción asciende poco después de que la compres, el valor de la opción también sube. Si el precio de la acción de la compañía baja, el valor de la opción de compra también desciende. Puedes vender la opción de compra de la misma forma en la que vendes acciones. Entras en tu cartera de inversión en tu cuenta, seleccionas la opción de compra que posees, presionas «vender» y envías la orden. Ya se ha ido. Y ahora tienes o más dinero o menos dinero que el que te gastaste al principio, dependiendo de si el precio de la acción subió o bajó después de que la compraras. Para el trader corriente, la única diferencia entre comprar acciones y comprar opciones es que puedes ganar o perder mucho más dinero con las opciones que con las acciones dados los mismos movimientos de precios.

El objetivo del 99,99 % de los traders que adquieren opciones de compra es obtenerlas, y cuando el precio de las acciones suba, vender el contrato por una cantidad mayor que el precio de compra. El principal atractivo sobre las opciones de compra para el trader que opera desde su hogar es la posibilidad de ganar mucho dinero mientras usa una cantidad de él muy pequeña.

Lamentablemente, la mayoría de los traders de opciones son perdedores, y lo digo literalmente. No me refiero a ello como un insulto («Eres un perdedor»). Simplemente quiero decir alguien que pierde. Pierden dinero: por la misma razón que los jugadores en un casino pierden dinero, por la razón que sea, pero, sea como fuere, la mayoría de ellos son perdedores.

Mientras desgloso los componentes de la opción de compra, recuerda la simplicidad. La gente las adquiere presionando la tecla de «enviar» en una orden que emite en su aplicación o página web de trading. Al cabo de un segundo o dos, la orden se ejecuta en un momento concreto, como por ejemplo las 09:33:25 h. En ese momento exacto, el precio de las acciones de los valores subyacentes es, por ejemplo, de 159,34 dólares. Si segundos, minutos u horas después el precio de las acciones de ese valor pasa a ser de 159,90 dólares (56 centavos más), la opción de compra gana valor. Si el trader examinase la cartera de inversión, había una ganancia en el valor de la posición. Mostraría un beneficio de unos 56 dólares (de hecho, es un poco inferior, pero explicaré eso después). Si el trader vende en ese momento, obtiene un beneficio.

Ahora revisaré contigo los distintos componentes.

La «opción de compra» se llama *call* («llamada») en inglés, ya que este contrato te proporciona el derecho a invocar hacia ti algo de valor. Si buscas la palabra «llamada» en el diccionario, encontrarás muchas definiciones, pero, en esencia, un denominador común de las definiciones es la idea de «llevar hacia ti algo o pedir que algo vaya hacia ti». Si «llamas» a algo para que acuda a tu mente, lo traes a tu conciencia. Si un tribunal te llama o cita para que testifiques, hace que vayas o acudas mediante un requerimiento oficial. En el campo de las finanzas significa, literalmente, exigir el pago adeudado o pedir la presentación de alguna fianza o depósito. Puede que no hayas oído sobre este uso de la palabra, pero «llamar/reclamar o invocar un préstamo» significa «pedir el pago de un préstamo». En el caso de una opción de compra *(call option),* estás comprando el derecho a «llamar/reclamar» las acciones/valores de otra persona para ti por una cantidad exacta acordada: en otras palabras, traer esas acciones hacia ti. Hay otras dieciocho definiciones, pero en lo tocante a este uso, eso es lo que significa.

Se llama «opción» porque garantiza a alguien la elección de comprar. Reservar esas cien acciones para ti significa que tienes la *opción* o la elección de comprarlas. Puedes *llamarlas* o requerirlas. Tienes la *Opción* de *Llamar/Reclamar/Invocar* las acciones para ti por el precio prometido. Todo esto forma parte del «contrato». De aquí que sea un «contrato de opción de compra».

En primer lugar, está el precio de las acciones subyacentes en el momento de la compra. Si has adquirido una opción de compra de acciones de Apple a las 09:33:25 h, es importante saber cuál era el precio de las acciones en ese preciso momento. Las acciones de Apple podrían haber tenido un precio de, por ejemplo, 159,34 dólares en ese momento exacto.

El segundo componente del contrato de la opción es el precio que acordéis por el que se puedan comprar las acciones. A esto se le llama *precio de ejercicio*. Esto es como el precio del cupón de esas acciones: se fija.

El tercer componente es la *fecha de vencimiento*. Ésta es la fecha en la que el contrato vence, y entonces el poseedor del contrato ya no conserva el permiso para comprar las acciones por el *precio de ejercicio*. En cualquier momento entre la fecha de compra y la de vencimiento, el titular o poseedor del contrato puede comprarle esas acciones al accionista que vendió del contrato de la opción por el precio de ejercicio acordado.

La cuarta cosa es que cada contrato representa cien acciones.

La quinta cosa es el precio del contrato. Cuánto pagarás por este contrato de opción de compra o por cuánto lo venderás.

Por lo tanto, hay tres precios completamente distintos en juego aquí, y debes comprender la diferencia:

El precio de la acción.
El precio de ejercicio.
El precio del contrato.

La mayor parte del tiempo, la forma en la que funcionan las opciones de compra es cuando la persona compra el contrato cuando el precio del valor se encuentra en, pongamos, 150 dólares por acción. El precio de las acciones de este valor sube a 151 dólares por acción, y la persona vende el contrato de la opción de compra por unos 100 dólares más que el precio que pagó. Si sólo pagó 500 dólares por ese contrato y lo vende por 600, acaba de conseguir un beneficio del 2 %, ya que un beneficio de 100 dólares con una inversión de 500 dólares es un 20 %.

Pero en realidad, cuando ese contrato es de tu propiedad, tienes derecho a forzar al accionista a venderte sus cien acciones por el precio de ejercicio que aparece en el contrato.

Examinemos un breve ejemplo. Te gastas 1000 dólares para comprarle un contrato a Bob, el accionista (el propietario de las acciones), que te da la opción de comprar 100 acciones de su valor Apple por 150 dólares por acción. En otras palabras, tienes el DERECHO pleno a pagar 15 000 dólares por sus 100 acciones en cualquier momento entre el presente y la fecha de vencimiento que, en este ejemplo, es dentro de dos semanas.

El precio de las acciones de Apple es de 155 dólares en el momento en el que adquiriste la opción de compra. Entonces surge la noticia de que el nuevo iPhone 25 de Apple podrá hacerte volar a la Luna. ¡El precio de las acciones de Apple sube hasta los 305 dólares por acción! Eso significa que las 100 acciones que tienes derecho a comprar (si quieres) valen ahora 30 500 dólares. Y estás ahí sentado, con un contrato que dice que puedes comprar las acciones por sólo 15 000 dólares: sólo 150 dólares por acción. Ese contrato, en ese momento, es MUY VALIOSO. Vale, por lo menos, 15 500 dólares inherentemente.

Por lo tanto, rebuscas y encuentras una forma de obtener 15 500 dólares, y entonces le compras las acciones a Bob. Y entonces haces un cambio y se las vendes a otra persona por 30 500 dólares. Has ganado 15 000 dólares con eso… casi. No olvides que, en primer lugar, pagaste 1000 dólares por ese contrato. Por lo tanto, en realidad has ganado 14 000 dólares empleando sólo 1000 dólares. Se trata de un escenario muy poco realista que el precio de unas acciones se duplique así en una semana, pero deberías poder ver cómo funciona todo esto a partir de esta historia.

El precio de ejercicio era de 150 dólares. El precio del contrato es de 1000 dólares. El precio de la acción era de unos 155 dólares. El contrato hace referencia a 100 acciones (sí, ésa es la unidad básica estándar para los contratos de opciones: 100 acciones). Ésos son los tres precios implicados. Comprende las diferencias.

Es, más o menos en este punto, cuando los principiantes creen que el precio de ejercicio es el precio objetivo de las acciones. No. No es el precio objetivo de las acciones. Es el precio fijo que puedes pagar por las acciones, independientemente de cuál sea el precio en el mercado. Es un cupón que te permite comprar las acciones por un precio fijo, independientemente del precio corriente en el mercado.

El trader que opera desde su hogar rara vez pasa por todo eso. En el ejemplo anterior, podrías, igual de fácilmente, acudir a tu aplicación de trading, presionar la tecla de «vender» y ganar 15 000 dólares así de fácilmente. Así pues, eso es lo que sucede con el trading de opciones, pese a que el acuerdo subyacente tenga que ver con esta capacidad y opción de adquirir acciones y todo eso.

Generalmente, estás jugando al juego de la patata caliente con el contrato de la opción de compra. Obtenlo, deshazte de él. Sí, puede que alguien, más adelante, decida ejecutar el contrato y comprar las acciones relacionadas con él por el precio de ejercicio existente; pero la mayor parte de las veces, expiran sin valor después de cambiar de manos a lo largo de su duración, que suele ser de tan sólo una semana o dos.

Por lo tanto, la definición falsa pero fácil de entender de un contrato de opción de compra es: Le alquilas a alguien unas acciones pagando por el contrato, el precio cambia y vendes el contrato por un precio superior o inferior al que pagaste. Y la formula general es que obtendrás un cambio de precio similar como si tuvieras cien acciones de ese valor.

La verdadera definición es:

> Una opción de compra es un contrato para reservar cien acciones a un precio concreto durante un período de tiempo especificado. Proporciona al propietario del contrato el derecho a comprar esas cien acciones por el precio de ejercicio especificado en cualquier instante que lo desee entre este momento y la fecha de vencimiento especificada.

En el sistema del trader de 20 minutos, generalmente conservamos un contrato de una opción de compra durante menos de algunos minutos. Predecimos un aumento del precio de las acciones, adquirimos un contrato de opción de compra por, digamos, 1000 dólares; al cabo de treinta segundos, el precio de esas acciones sube 0,25 dólares y vendemos el contrato de 1000 dólares por 1025 dólares. Hemos conseguido un beneficio del 2,5 % sobre ese contrato. Muchos traders de 20 minutos harán eso, pero quizás con cinco contratos, lo que significa que ganan 125 dólares con ese movimiento; y, por supuesto, tuvieron que emplear 5000 dólares para comprar esos cinco contratos.

El 2,5 % de 5000 dólares es 125 dólares. Hacer eso diariamente durante diez días da lugar a una cantidad nada desdeñable de dinero. Por supuesto, de media, por lo menos uno de esos días podría ser una jornada de pérdidas, por lo que los beneficios y pérdidas totales no serían tan espectaculares como diez victorias seguidas, pero aun así seguirían siendo bastante espectaculares. Aunque no hay beneficios garantizados, la descripción anterior sobre cómo discurre la experiencia de un trader de 20 minutos no es un ejemplo falso. Está alejada de ser algo típico para un trader intradía, pero, ciertamente, sucede, tal y como puede verse en mis actualizaciones personales a lo largo de este libro.

Aquí tenemos un recorrido por una operación hecha por Jeremy.

Tengo mi ordenador portátil abierto con una gráfica móvil en él. También tengo mi *smartphone* en mi mano izquierda. Abro la aplicación de mi cuenta de trading.

Voy a una página llamada «Operación». Escojo el valor que quiero. Digamos que elijo Lululemon. Selecciono «Opción de compra». Se me pide que decida sobre una fecha de vencimiento y un precio de ejercicio (precio del cupón). Echo una ojeada al precio corriente del valor y veo que se encuentra alrededor de los 300 dólares. Se me da la oportunidad de escoger entre distintos precios de ejercicio (precios del cupón). Elijo 301 dólares, con una fecha de vencimiento de una semana. Tras escoger esto, se me expone el precio corriente en curso, que podría ser de 1000 dólares. Selecciono cuántos contratos quiero comprar: digamos cinco. En esa página de trading se me dice que el precio de mi orden es de 5000 dólares, al igual que cuando vas a tu carrito al comprar algo *online*. Ahora observo la gráfica en mi ordenador portátil y veo cómo se mueven las líneas. Veo los criterios necesarios y ha llegado el momento de comprar en este preciso momento. Presiono el botón de «Enviar Orden» en la aplicación de mi teléfono móvil. Se me notifica, un segundo después que se ha ejecutado.

Voy a la parte de la aplicación que pone «Posiciones». La opción de compra de Lululemon aparece al instante, junto con los datos de cuánto he pagado por ella, su valor de mercado actual y mis beneficios o pérdidas. Me fijo, de nuevo, en la gráfica en el ordenador portátil y veo cómo el precio de las acciones sube. Vuelvo a mirar mi teléfono móvil y veo que los contratos que he comprado han aumentado de precio. Su coste original ha sido de 1000 dólares. Ese precio permanece fijo, pero ahora, el mercado considera que el valor del contrato es de 1025 dólares. Echo una ojeada a mis beneficios/pérdidas actuales y veo que tengo un beneficio de 125 dólares porque cada contrato que poseo ha aumentado de valor en 25 dólares, y yo poseo 5.

Presiono «Vender». Mi cuenta muestra ahora una ganancia de 125 dólares.

Es un concepto bastante sencillo.

Pese a que esto es todo lo que he hecho, lo que en realidad ha sucedido es que me he involucrado en un contrato con alguien a quien no conozco para tener los derechos exclusivos sobre 100 acciones que he reservado para comprar por el precio fijado de cupón de 301 dólares. Entonces he vendido este contrato por un precio más alto del que pagué, y esa nueva persona tiene ahora este acuerdo con el accionista original con el que estaba haciendo negocios hace un momento. El precio de ejercicio elegido (el precio del cupón) tiene muy poca importancia en esto. No importa el precio de ejercicio elegido: el valor del contrato ascenderá o descenderá basándose en la cantidad por la que cambie el precio de la acción desde el momento de la adquisición en adelante.

Hay algunos factores importantes al elegir un precio de ejercicio, pero nos ocuparemos de estas cosas más adelante. Por ahora no es importante la cifra del precio de ejercicio, siempre que se encuentre cerca del valor actual de las acciones.

Repito, pese a ello, que el precio de ejercicio NO es un precio objetivo al que aspires, como si se tratara de una apuesta deportiva o algo parecido. Es el precio del cupón por estas acciones, el precio garantizado por el que puedes adquirir las acciones en cualquier momento. Incluso aunque el precio de las acciones alcance el precio de ejercicio, eso no significa que se vayan a conseguir más beneficios.

Espero que esto te ayude a comprender mejor las opciones de compra y cómo se han usado o pueden usarse. A medida que avancemos por este libro, se volverá muy claro para ti exactamente cómo pueden usarse estos instrumentos para que todo te vaya sobre ruedas.

CAPÍTULO 7

Cinco normas que sigo

É stas son las normas que he creado para mí mismo para así tener éxito con mi trading de patrones.

Mi primera norma: los cerdos acaban siendo sacrificados.

Esta norma se me ocurrió porque siempre que me volvía avaricioso e intentaba salirme del patrón para seguir otra cosa distinta a lo que sabía que tenía éxito, nueve de cada diez veces perdía una buena cantidad de dinero. En esencia, el cerdo codicioso que hay en mi interior me hacía encaminarme hacia el matadero. La idea es que si me salgo de mi patrón y hago algo por lo que siento una corazonada, o pienso que voy a tener suerte y soy un poco avaricioso, suelo encontrarme con que esto es un camino hacia el fracaso. Lamentablemente, esto suele funcionar al principio, dejándome con la falsa confianza de que volverá a funcionar de nuevo cuando lo intente. Esta confianza es, en realidad, la cálida y reconfortante anestesia antes de la amputación.

Mi segunda norma: si no puedo verlo, huyo de ello.

Eso significa que es temprano, que he establecido mi operación, que tengo mis gráficas preparadas, que sé lo que quiero hacer y que, mientras me estoy fijando en las líneas y las cifras de la gráfica, no acabo de ver el patrón. Pues bueno, en tal caso huyo de ello. Si no puedo verlo, huyo de ello, y simplemente no opero ese día. Es mejor no arriesgarse y simplemente esperar hasta el día siguiente, cuando es de esperar que pueda verlo claramente y obtener beneficios de ello, que asumir el riesgo de ir a por ello cuando hay muchas probabilidades de que me haya equivocado o que el negocio no estuviera ahí. Si no puedo verlo, huyo de ello.

Mi tercera norma: si me equivoco, me retiro.

De forma similar a la anterior norma, si he hecho un mal cálculo, he errado y he hecho algo a destiempo, simplemente me salgo con una pérdida mínima o con una ganancia exigua en lugar de esperar a un beneficio que no es probable que esté ahí. La idea principal de este sistema es que dispongo de un patrón predecible que he visto muchas veces, y conozco la probabilidad de lo que sucederá. Bueno, si he hecho una mala estimación y he comprado, pero al poco tiempo me he dado cuenta de que, de hecho, no he interpretado el patrón correctamente, con los criterios correctos, me retiro y me voy.

Mi cuarta norma es: si el mundo parece raro hoy, espera a operar otro día.

Antes de cada jornada de trading, siempre compruebo tres o cuatro fuentes de noticias. Me fijo en el índice que se aplica a las acciones con las que opero, y observo si hay alguna noticia relacionada con ellas. Si ese índice está significativamente bajo antes de la apertura del mercado, no opero ese día. También me fijo en los valores con los que opero, y frecuentemente hay noticias sobre las compañías o sobre las propias acciones. Si hay alguna mala noticia reciente y tangible sobre esa compañía o esas acciones concretas, no opero ese día porque si el mundo parece raro hoy, me espero a operar otro día. Frecuentemente, cuando hay malas noticias sobre un valor, los inversores se asustan por lo que puedan estar pensando otros inversores y dicen: «Creo que otros inversores probablemente van a salirse debido a estas malas noticias: por lo tanto, voy a salirme», y en sus esfuerzos por abandonar sus posiciones, está dispuestos a vender por menos y, por lo tanto, el valor baja de precio. En otras palabras, están diciendo: «Cómprame esto por estas cantidades cada vez menores para que así pueda retirar mi dinero». Esa acción, multiplicada por miles de inversores de un valor concreto, reduce su precio. Aunque parezca mentira, están todos ellos simplemente preocupados sobre los demás y por lo que estén pensando, y eso es lo que frecuentemente está provocando que el precio de ese valor descienda. Por lo tanto, si veo algunas noticias malas ciertas y reales sobre el valor con el que estoy operando ese día (no estoy hablando de hace dos semanas o algo así), entonces no opero. Ésa es mi norma.

Mi última norma: retira y ahorra frecuentemente tus ganancias para aliviar las quemaduras.

Tal y como sabes, la cantidad de mi capital de inversión inicial fue de tan sólo unos 1200 dólares, por lo que cuando hube conseguido algo de dinero, cosa que sucedió al cabo del primer mes, retiré unos 400 dólares. La situación ideal es que todo lo sobrante en la cuenta es puro beneficio. Sería muy satisfactorio saber que el dinero usado para operar consistía simplemente en beneficios. Esto proporciona una sensación de calma y una falta de ansiedad, ya que somos incapaces de perder algo. Retira y ahorra frecuentemente tus ganancias para aliviar las quemaduras.

Éstas son cinco normas que sigo para tener éxito en el trading como trader de 20 minutos.

CAPÍTULO 8

Una cuenta de trading

Cada trader debe inscribirse y crear una cuenta (que también recibe el nombre de «cuenta de inversión» o «cuenta de trader») con una correduría.

Hay docenas de brókeres entre los que escoger, pero para aplicar esta estrategia, el elegido debe poder comprar y vender opciones de compra fácilmente, e idealmente desde una aplicación en el teléfono móvil o desde un segundo ordenador de sobremesa o portátil.

Examiné muchas corredurías y opté por E*TRADE como mi bróker elegido en el momento de escribir estas líneas. Hay algunas razones para esto:

> En los últimos (varios) años de trading, me di cuenta de que un par de los mayores brókeres competidores de E*TRADE sufrían apagones que duraban minutos o más tiempo en medio de días de trading volátiles. Estos apagones pueden ser desastrosos para los traders intradía, especialmente para los *scalpers* (accionistas o inversores que practican un estilo de trading que se especializa en sacar provecho de pequeños cambios de precio y obtener un beneficio rápido revendiendo) como yo. El *scalping* es una estrategia de trading en la que los traders sacan beneficio de pequeños cambios en el precio de un valor cuyas operaciones se llevan a cabo en un muy corto período de tiempo, como segundos o varios minutos.

Si adquiero una opción de compra, la aplicación de correduría se queda congelada y no puedo salir de la posición, me expongo a perder bastante dinero. Cuando entramos en las decenas o centenares de miles de dólares, no vale la pena el riesgo. E*TRADE ha sufrido algún retraso muy de vez en cuando, pero, aparte de eso, es resistente y fiable. También dispone de tipos de órdenes de trading avanzadas que otros brókeres no poseen y sobre las que te hablaré más adelante. Y, por supuesto, hay otros brókeres que disponen de mejores dispositivos y tipos de órdenes que E*TRADE no posee, y esto siempre será así, pero, en definitiva, ha sido la mejor aplicación para mí.

Las tarifas no son ninguna broma. Pueden acabar sumando un total importante. Calculo que pagaré más de 25 000 dólares en tarifas al final de este año. Ya he pagado 2200 dólares de tarifas, y estamos en marzo. Permíteme que te explique cómo funcionan las tarifas de los brókeres.

Cuando compro un contrato, me cargan 65 centavos para ejecutar la transacción. Me cobran otros 65 centavos cuando la vendo. Si el valor de mi cuenta es de 3000 dólares y compro un contrato de 1000 dólares y luego lo vendo de nuevo por exactamente 1000 dólares, el nuevo valor de mi cuenta no será de 3000 dólares, sino de 2998,70 (1,30 dólares menos de lo que tenía antes de la operación). Una tarifa de 65 centavos por transacción de un contrato es una cantidad bastante dentro de la media.

Pero fijémonos en lo que sucede cuando compras muchos contratos, como hago yo. Digamos que el valor de mi cuenta es de 25 000 dólares. Compro 20 contratos de 1000 dólares cada uno y los vendo por un pequeño beneficio de 1001 dólares. Habré obtenido un beneficio de 20 dólares, ¿verdad? Mi cuenta debería reflejar ahora un valor de 25 020 dólares, pero no es así. Me han cargado 26 dólares por esa operación: 65 centavos por cada uno de los 20 contratos que he comprado (13 dólares) y otros 65 centavos por cada contrato al venderlos (otros 13 dólares). Eso son 26 dólares. El valor de mi cuenta es ahora de 24 994 dólares. He perdido 6 dólares pese a haber obtenido un «beneficio».

Lo que es peor es que aparece listado que he obtenido un beneficio de 20 dólares. Digamos que llevase a cabo esta operación repetidamente 1000 veces. Esos 20 dólares de beneficio se convertirían en 20 000 dólares. Pese a ello, mi cuenta, y debido tan sólo a las tarifas, arrojaría un saldo de 19 000 dólares: 6000 dólares menos que su valor inicial.

Para agravar el daño, se me cobrarían impuestos sobre los 20 000 dólares de beneficio y le debería a la Agencia Tributaria unos 6000 dólares de las ganancias de capital a corto plazo. Eso haría que mi capital inicial se redujera hasta los 13 000 dólares desde su punto inicial, con 25 000 dólares. En este escenario, he perdido 12 000 dólares por una mala gestión de las tarifas a pesar de conseguir 1000 operaciones ganadoras.

Por lo tanto, te recomiendo encarecidamente que tengas en cuenta las tarifas y las comisiones al diseñar tu estrategia.

También es especialmente vital que sólo te inscribas en una cuenta de caja (de efectivo) en lugar de en una cuenta de margen. Una cuenta de caja significa que, mientras realizas operaciones, no estás pidiendo dinero prestado a la correduría para emitir operaciones, sino usando tu efectivo. Una cuenta de margen te permite usar préstamos de tu bróker como parte del trato. Para cumplir legalmente los requisitos para una cuenta de margen para el trading intradía, debes tener por lo menos 25 000 dólares en ella.

En una cuenta de margen, verás que tu poder de compra es frecuentemente del doble o posiblemente hasta cuatro veces la cantidad que poseas en ella. El bróker está frecuentemente dispuesto a prestarte el 400 % de la cantidad que tienes en tu cuenta. Por supuesto, si el valor de tu posición desciende demasiado, el bróker se llevará todo tu dinero en lugar de perder nada (ni siquiera un centavo) del suyo. Esto es muy arriesgado. Asegúrate de comprender enteramente los posibles resultados al operar con una cuenta de margen.

Además, hay restricciones con respecto a cuántas operaciones puedes llevar a cabo en un período de tiempo dado. Léete las normas de la correduría que hayas escogido, que aparecen claramente expuestas y reveladas en cada página web de las corredurías.

Aquí tenemos un ejemplo real del martes pasado. Compré 80 contratos por 835 dólares cada uno: un total de 66 800 dólares. Los vendí 32 segundos después por 854 dólares cada uno: un total de 68 320 dólares. Eso supone una diferencia de 1520 dólares. Las tarifas fueron de 56 dólares. ¿Pagarías 56 dólares por 1520? Ya lo imaginaba. La magnitud del beneficio comparada con el valor inicial compensa las tarifas, que es otra razón por la cual uso las opciones en lugar de las acciones, ya que las acciones también tienen unas tarifas conectadas con el trading. Las opciones proporcionan el potencial de unas ganancias (y pérdidas) muy superiores a las acciones con exactamente los mismos movimientos de precio de los valores.

Algunos brókeres ofrecen unas tarifas de cero dólares por sus servicios de trading de opciones. Por lo tanto, si las tarifas se volviesen prohibitivamente caras, tendría que cambiar de correduría. En este preciso momento, el valor que E*TRADE proporciona por las tarifas que me cobra vale la pena, incluyendo la velocidad de ejecución, su interfaz intuitiva para el usuario que practica el trading, sus reacciones rápidas ante mis peticiones y casi nunca sufre apagones.

Después de rellenar todos los datos, completar la configuración de la cuenta suele llevar días o una semana, ya que necesitan verificar tu número de cuenta bancaria y si la provees de fondos, eso puede llevar algunos días más.

E*TRADE viene con dos aplicaciones: una llamada «E*TRADE» y otra llamada «Power E*TRADE». Para los fines de mi estilo de trading las necesito ambas, así que las he descargado en mi teléfono y estoy conectado a las dos con mi nombre de usuario y mi contraseña. Efectúo mis operaciones en mi teléfono móvil en la aplicación Power E*TRADE mientras miro las gráficas en mi ordenador portátil.

En el momento de escribir estas líneas, Power E*TRADE no funcionará como resulta necesario si no dispones como mínimo de 1000 dólares depositados en la cuenta. Para disponer de un colchón, ingresé 1200 dólares en la cuenta por si pierdo un par de dólares al principio, ya que no quiero descender por debajo del límite de los 1000 dólares. Sin este depósito mínimo, la aplicación no muestra cifras y valores en tiempo real, sino que tienen un retraso de quince minutos, lo que no resulta factible para mi sistema, que requiere de información segundo a segundo.

Debo recordar a todo el mundo que no soy un asesor de inversiones certificado. No te estoy diciendo que vayas y hagas estas cosas. Estoy publicando lo que yo hice y cómo lo hago. Tampoco te estoy diciendo que te inscribas en E*TRADE, sino que te estoy explicando qué hice yo. Además, me gustaría recordarte que nunca emplees dinero reservado para gastos básicos, tu jubilación, la educación de tus hijos, el alquiler o la hipoteca, la comida y los medicamentos, ni para ninguna otra cosa vital para embarcarte en una aventura como ésta. Puede que lo pierdas y que incluso se vea barrido por completo. El trading intradía y el *scalping* son arriesgados. La mayoría de los traders intradía pierden dinero. Por lo tanto, antes de depositar dinero, asegúrate de obtener asesoramiento por parte de un consejero profesional de valores o inversiones titulado y certificado.

También es clave que te repita que el trading intradía lleva consigo otras normas y restricciones, y deberás estudiarlas con respecto a la correduría con la que firmes. Hay límites en cuanto al número de operaciones que puedes llevar a cabo en un período de tiempo dado, y las normas pueden variar dependiendo de tu ubicación geográfica. Estos límites difieren basándose en cuánto dinero tengas en tu cuenta y de si usas una cuenta de caja o de margen. Aunque sería feliz esclareciendo todas las normas meticulosamente, preferiría decirte, simplemente, que yo uso una cuenta de caja, y no de margen, y que no me encuentro con restricciones. La única restricción que tengo es que no puedo usar fondos que ya haya usado el mismo día. Debo esperar al día siguiente para volver a usar los fondos.

CAPÍTULO 9

Las cosas que hay que hacer y las cosas que no hay que hacer

A estas alturas he practicado el trading junto con un buen número de personas, y quería repasar algunas cosas que aprendí mientras trabajaba con ellas en el trading.

La primera cosa exitosa con la que me encontré fue que repasar el material dos o incluso más veces es enormemente beneficioso. Acabar un curso en vídeo y volver a verlo desde el principio te proporcionará más de doble de la certeza sobre la información que contiene. Leerte un libro dos veces tiene el mismo efecto. Los estudios han mostrado que un operador o técnico de cualquier campo que leía un manual o un procedimiento y las distintas teorías y explicaciones conectadas con ellos dos veces tenía *más del doble* del índice de retención que alguien que sólo los hubiera revisado una vez. Hay algunas escuelas de pensamiento que ordenan este método del doble estudio para asegurarse de que los alumnos manifiesten una comprensión y capacidad de aplicar la información que están aprendiendo significativamente superior. Este truco de estudio puede usarse en cualquier tarea.

Aquí tenemos algunas cosas que no debes hacer. A la gente con la que operaba en la Bolsa le iba mal, o bien, o regular, y me di cuenta de que, uno por uno, a aquellos que hacían las siguientes cosas les iba mal. Lo que quiero decir es que todos pasamos por problemas mientras estamos aprendiendo algo, pero algunos tipos parecían incapaces de ponerse en marcha y triunfar.

Hubo un grupo concreto de alumnos que eran realmente duros consigo mismos, que cometían errores estúpidos y que iban reduciendo su dinero constantemente. Decidí profundizar y hacer muchas preguntas.

Encontré algunos denominadores comunes entre los grupos de personas con fracasos incorregibles constantes y, sorprendentemente, el principal problema no era una baja aptitud.

Me encontré con que estos tipos que fracasaban caían en una de cinco categorías. Déjame desglosarlas para ti.

En el primer grupo, todos tenían una situación en común: estaban intentando practicar el trading cuando su pareja o un familiar cercano estaban en contra. Pese a ello, ésta es la cuestión: el trading en el mercado de valores puede ser una experiencia horrible que arruina a la gente. Uno podría ser improductivo, sentado frente a ordenadores durante todo el día y, lo peor de todo, perdiendo toneladas de dinero. Lamentablemente, ésta no es sólo una posibilidad, sino una probabilidad. Algunas personas que trabajan duro y proporcionan un servicio o producto valioso en su campo podrían considerar el trading intradía como una forma despreciable de ganarse la vida porque, en lugar de ayudar a que pasen cosas en la sociedad, a alimentar a la gente, a educarla, a arreglar cosas o a gestionar, simplemente se está apostando a cosas. Podría considerarse que esto no difiere de apostar, y alguien que apuesta por dinero como forma de vida recibe el mismo tipo de críticas.

Sin embargo, no es cierto que cada persona que apueste sea alguien despreciable. ¿Qué hay de la madre de tres hijos que se toma un descanso y se va en un viaje de chicas al casino durante un día o dos y juega a las máquinas tragaperras o al *blackjack,* y gana de vez en cuando? Hay algo muy emocionante con respecto a eso, y supone una pausa divertida de las partes, a veces estresantes, de la vida cotidiana. ¿O qué hay del tipo que se dirige al casino ocasionalmente y consigue dinero extra por simple diversión?

Pocos considerarían a estas personas como despreciables. También hay jugadores profesionales de póquer que son grandes maestros de la estrategia, las probabilidades y la deducción, de modo que esta habilidad se parece al ajedrez avanzado, que corona a campeones, entretiene a millones de personas y genera genios. A este nivel ya no se trata simplemente de apuestas, sino que es un deporte. Es algo estético y brillante que contemplar. Oye, gente del ajedrez, calmaos. Tengo derecho a tener una opinión así si lo deseo.

Cuando una esposa oye que su marido se está metiendo en el trading, puede y debería estar muy preocupada. Las meras cifras y las probabilidades dicen que el dinero que ambos han ganado tan duramente podría desaparecer con un clic de un botón. La mentalidad de los traders puede ser alocada. He visto a traders hacerse pedazos o efectuar operaciones estúpidamente valientes de venganza en un estado de pasión desesperada que les despoja de mucho más dinero del que nunca hubieran pensado.

Todas éstas son ideas extremadamente válidas, y uno tiene todo el derecho del mundo a estar preocupado (al cien por cien); y debería estar preocupado, y mucho.

El marido cuya esposa quiera dedicarse al trading podría advertirla, decirle que no está de acuerdo y temer el resultado. Esto se aplica no sólo a la pérdida de dinero, sino al estrés emocional relacionado con estas actividades. Todas estas objeciones son de esperar.

Cuando el cónyuge o la persona importante en nuestra vida se muestra abiertamente en contra del trading, en lugar de simplemente aprensivo y preocupado, hay una atmósfera muy desafiante para triunfar. Suspicacia, dudas, anticipación, preocupación: éstos no son, en realidad, asuntos importantes. Al afirmar, directamente, que uno está en contra de que su ser amado haga esto es cuando he visto surgir algunos problemas interesantes. El trader enfrentado a este tipo de atmósfera desafiante tiende a encontrarse con que le suceden algunas cosas negativas.

Quiere demostrarse a sí mismo que tiene razón frente a su pareja antagónica no perdiendo nunca. Encontrarse con una operación perdedora demuestra que su decisión de empezar a practicar el trading era un error y demuestra que la persona que estaba en contra tenía razón. Esto abre la puerta al fracaso y a los «Te lo dije». Resistiéndose a este resultado, un trader intradía podría decidir aferrarse a una posición perdedora con la esperanza de que aumente de precio en lugar de retirarse con una pequeña pérdida con un *stop* predeterminado. Puede que funcione de vez en cuando, pero también está garantizado que un día provocará el «fallecimiento» del trader intradía porque se dará el caso en el que una posición nunca remonte: nunca, en absoluto… Y ese dinero habrá desaparecido.

También se encuentran fuera de sintonía con su compañero de vida, ya sea su cónyuge, un hijo o un progenitor, provocando una discordancia emocional en, a falta de una mejor palabra, la *habilidad* del trader. Uno es más serio y menos juguetón, y resulta que ser serio con respecto a las normas es importante, pero ser emocionalmente serio no lo es.

Los mejores atletas suelen divertirse haciendo lo que adoran cuando compiten. Hay una cualidad de carácter juguetón y de despreocupación que suele acompañar al éxito y, por supuesto, un dominio de las normas y las jugadas, y una práctica desmesurada. Para dejarlo claro, ser muy serio con respecto al proceso, las normas y la estrategia es vital; pero ser una *persona seria* interna y emocionalmente es la atmósfera sobre la que estoy protestando aquí. Ésa es una actitud perdedora que era un atributo común entre todos los traders que se encontraban en un conflicto directo con un ser querido importante con respecto al ejercicio de trading.

Esto es mejor que se resuelva antes de aventurarse de verdad en este viaje, y la solución consiste en escuchar, explicar amablemente y estar de acuerdo con los límites. Algunas personas consideran, directamente, que el trading es inmoral. ¡Y punto! ¡Y fin de la historia! Puede que el razonamiento no funcione. Si te encuentras en una situación en la que una persona a la que quieres de verdad está en contra de esta actividad, que sepas que toda la gente a la que conocí que se encontraba en este escenario estaba perdiendo dinero. Una persona a la que conocí que se encontraba en esta situación habló con su novio (que se mostraba hostil con respecto su hábito de operar en la Bolsa), solucionó el problema, se ganó su apoyo y, mira por dónde, empezó a tener éxito.

Además, encontrarte con una oposición añade estrés que puede embarullar el buen juicio y la tranquilidad mental necesarios para el éxito en cualquier actividad con mucho movimiento y estresante.

Quiero hacer hincapié en que los puntos de oposición tenían que proceder de personas importantes para el trader. No hablo de meros comentarios en las redes sociales y ni siquiera los procedentes de amigos y conocidos. Tenía que ser un miembro de la familia muy cercano o una persona importante, y tenía que vocalizarlo y estar obstinadamente en contra de que el trader hiciera lo que estuviera haciendo en el mercado de valores.

El siguiente factor principal para los traders que fracasaban era operar en la Bolsa en un entorno con distracciones. Es imprescindible que dispongas de un espacio libre de ruidos, olores, movimiento y que se encuentre a una temperatura adecuada. Queremos que toda nuestra atención esté centrada durante el pequeño período de tiempo que empleemos en esta tarea, que es de alrededor de veinte minutos en total. Los animalitos encantadores, los niños que chillan, los ruidos estridentes o un cubo de la basura apestoso son, todos ellos, distracciones.

Uno incluso podría extender este requerimiento a la limpieza del lugar. Ésta podría ser una herramienta secreta que los psicólogos no hayan logrado mencionar, ni subrayarla, ni colocarle signos de admiración, ni destacarla en cursiva, ni colocarle luces de neón alrededor (aunque he oído a un renombrado psicólogo hablar sobre esto de forma empática), y se trata de la claridad mental que procede de la limpieza de un espacio por completo.

En una ocasión estaba dirigiendo a un equipo de tutores y educadores que trabajaban con diferentes alumnos desorganizados. Debra, una de las instructoras, parecía exhausta y dispersa, e incluso un poco asustada. Tenía cinco cosas que hacer, no sabía cuál hacer primero, y no quería molestar a su jefe por no lograr llevarlas a cabo todas. Pues bien, si yo fuera un psiquiatra, podría haberle dado un sedante que le calmase la mente para aliviar su mal procedente, directamente, del manual de la compañía farmacéutica para tener una mejor salud y bienestar (sarcasmo). O si fuera un instructor de yoga, podría haber fomentado estiramientos y meditación. En jugar de ello, me di cuenta de que en su aula había libros por doquier, manchas en la mesa y algunos pañuelos de papel en el suelo y sillas desordenadas. Empecé a retirar cosas, deshaciéndome de la basura, y ella se me unió. Al cabo de unos cuatro o cinco minutos, el aula estaba limpia y ordenada, y era revitalizante y, de algún modo, cuidaba del entorno social y físico. Ella se había calmado y podía ocuparse fácilmente de lista de las tareas que tenía entre manos.

Yo también me sentí mejor. Decidí que quizás dispusiéramos de una pequeña cura para ese bien conocido torbellino mental que acompaña al estrés o a tener demasiadas cosas que hacer al mismo tiempo.

Limpia.

Decidí que éste era un truco para calmarse. Comprobé esto aplicándolo a otras personas. Quizás estuvieran exhaustas, puede que simplemente hubieran recibido una mala noticia y que no supieran qué hacer al respecto, y limpiar y recoger su espacio inmediato quizás les resultara de ayuda. El resultado fue el mismo. Además, no se producen los efectos secundarios propios de los sedantes que un médico les habría recetado. Yo también me apliqué eso mismo. Me di cuenta de que era lo último que quería pensar en hacer en un momento de estrés, ya que las cosas que había en mi cerebro eran tan importantes que no parecía posible que la limpieza y el orden fueran la respuesta; pero, curiosamente, esto funcionó como un hechizo. Dio lugar a un yo más tranquilo, y siempre más de lo que hubiera imaginado.

Por lo tanto, si quieres llevar el trading a un nivel más zen, limpia y ordena la oficina o la habitación desde la que operes en la Bolsa. Déjala libre de desorden, suciedad, olores, basura y distracciones. Disfruta de la claridad mental mejorada que debería venir como resultado.

El siguiente escenario que vi que era común para los traders que fracasaban era cuando un no profesional intentaba usar el dinero de otra persona para obtener beneficios para esa otra persona. Esto difiere de tomar dinero prestado y operar en la Bolsa con él. He visto a gente hacer transacciones en el mercado de valores con dinero prestado sin ningún problema. Estoy hablando de intentar obtener beneficios para la otra persona con su dinero, lo que incluso podría ser ilegal. Hay formas legales de organizar esto en cuentas conjuntas con una correduría; pero, sea como fuere, los traders con los que trabajé fracasaban en el 100 % de los casos en los que lo observé. Esto se debía, posiblemente, a la ansiedad por usar el dinero de otra persona. Es significativamente más estresante perder el dinero de otra persona de lo que pudiéramos imaginar. También es embarazoso. Créeme, yo lo he hecho.

Cuando descubrí esta técnica del trading de 20 minutos, un amigo íntimo rico insistió en que operara en la Bolsa con su dinero. Rehusé hacerlo varias veces, diciéndole que sería incapaz de soportar perder su dinero, pero él me aseguró que no pasaba nada si eso sucedía. Me lo repitió una y otra vez. Establecimos una cuenta compartida conjunta con una correduría, lo que me permitía operar legalmente en la Bolsa con una combinación de nuestros fondos. Empecé haciéndolo genial, ganando dinero y sintiéndome orgulloso. Arrasando. Entonces empecé a perder, y pese a que él se mostraba completamente tranquilizador, yo me sentía totalmente avergonzado, cohibido e incluso con el estómago revuelto. Debo hacer hincapié en que no hubo ni un momento en el que este caballero me hiciera sentir mal. Al final me comporté de forma diferente con respecto a mi sistema. Modifiqué las normas para intentar «compensar» los fondos perdidos, asumiendo más riesgos de modo que la recompensa pudiera ser mayor. Esto, por supuesto, dio lugar a más pérdidas. Fastidiosamente, algunos de estos movimientos arriesgados dan buenos resultados una o dos veces, y aportan la falsa idea de que son un medio válido para el éxito. Permíteme explicarte qué quiero de decir.

Al comprar opciones, uno podría estar muy apalancado, con lo cual el más mínimo movimiento en la gráfica del valor daría como resultado un cambio enorme en la cotización de la posición. Por ejemplo, que con un cambio de dos centavos en el precio del valor, la posición de las opciones se desplazara quinientos dólares hacia arriba o hacia abajo. Esto podría dar lugar a unas ganancias… o a unas pérdidas instantáneas extraordinarias; pero yo diría que esa estrategia garantiza perder. Además, las tarifas por hacer cosas así son prohibitivamente caras.

También quiero destacar que creo que practicar el trading para otra persona es, posiblemente, algo exitoso que alguien podría hacer. Lo creo de verdad, pero nunca lo vi con las ocho personas que lo intentaron, incluyéndome a mí mismo. Todos perdimos dinero, y nuestra capacidad para rendir pareció dificultada por el estrés añadido a causa de usar el dinero de otra persona.

Por lo tanto, recomendaría que, en un escenario así, cuando tus amigos y familiares intenten hacer que operes en la Bolsa con su dinero y que les consigas beneficios, les digas que no. Puedes incluso echarme la culpa a mí y decir que va en contra de las normas del trading de 20 minutos, pero también te diré que no es asunto mío tomar decisiones así por ti. Puedes, por supuesto, hacer lo que te parezca bien.

El siguiente denominador común para algunos de aquellos que fracasaron a largo plazo fue si estaban ocultándole su actividad a alguien. Puede que el trader estuviera en su trabajo, cobrando por horas, pero intentando hacer algunas operaciones bursátiles en el trabajo, mirando por encima de su hombro con la esperanza de que nadie le viera.

O puede que su cónyuge le hubiera prohibido practicar el trading, por lo que lo llevara a cabo a escondidas. O peor todavía, que el trader usara dinero asignado para algún otro fin. Puede que hubiera dinero reservado para la educación de sus hijos, el alquiler o la comida. Estos usos son deshonestos y dan lugar a complejidades y fracasos. Eso también está relacionado con el primer aspecto que he comentado: tener a una persona importante que se oponga directamente a que lleves a cabo esta actividad y cómo esto afecta al rendimiento. Se recomiendan las discusiones abiertas, la gestión de riesgos y consultar con un asesor de inversiones certificado.

Lo siguiente que detecté como un aspecto común del fracaso es la gente que normalmente no está despierta cuando la Bolsa abre. En la Costa Oeste de EE. UU. esto significa las 06:30 h. A algunas personas no les gusta nada despertarse a esa hora. He tenido a algunos alumnos que simplemente aborrecen despertarse temprano, lo que ha supuesto una dificultad. Muchos han adaptado sus horarios y les ha ido bien.

Una vez tuve un grupo de quince compañeros traders que estaban practicando el trading de 20 minutos basándose en estrategias que había publicado. Cinco de ellos seguían intentando aplicar los principios que habían adoptado y seguían fracasando. No se enfrentaban a ninguno de los factores comentados anteriormente, como un familiar que se opusiera o la deshonestidad, pero pese a ello no estaban dando en el clavo. Los cinco eran de California.

No obstante, si vives en otro estado, probablemente ya estés odiando a California, ya que se trata de uno de los pasatiempos favoritos de los no californianos. Pero aparte de las cosas que puede que no te gusten de California o de sus habitantes u otras estupideces, lo que todos ellos tenían en común era que no se despertaban voluntariosamente antes de las 06:30 h. He escogido la palabra «voluntariosamente» a propósito. Cualquiera puede obligarse a despertarse temprano. Hay un invento reciente y muy popular llamado reloj despertador.

Estos tipos pensaban que despertarse temprano a propósito era doloroso y desagradable. Pese a que se obligaban a hacerlo, se mostraban resentidos. Incluso se mostraban resentidos conmigo por «hacerles» despertarse: especialmente porque lo hacían, perdían dinero y luego intentaban volver a dormir. Era doblemente poco divertido. Después de identificar este denominador común, les informé de que les recomendaba que llevaran a cabo suficientes reorganizaciones en su vida para conseguir despertarse incluso sin necesitar un reloj de alarma para hacerlo. Yo no he usado un reloj despertador en años, y vivo en California. Simplemente me voy a dormir temprano y me despierto temprano. Es así de sencillo.

Estos traders cascarrabias estaban intentando ver, a través de sus ojos hinchados y medio cerrados, sus gráficas e identificar patrones con un movimiento rápido. Los errores eran comunes y costosos. El resentimiento y el adormecimiento no son los ingredientes ideales para unas operaciones exitosas.

Pese a que no creo que sea válido ni necesario mencionar esto, el último problema más obvio con los fracasos fue no seguir las normas y los procedimientos prescritos. Ni siquiera los incluyo en esta lista porque no considero que estas personas sean muestras válidas de un estudio científico. Eso es como comprobar cómo funciona una dieta de tan sólo arroz integral, pero comer también hamburguesas con queso. Ese participante sería apartado del estudio. Por lo tanto, no hace falta decir que, si alguien está probando un método y añade variaciones, sería completamente injusto e incorrecto decir que el método funcionó o no.

Si te ves afectado por cualquiera de estos factores, te recomiendo que los soluciones a medida que avances en tus estudios y antes de usar dinero real.

La mejor forma de hacerlo es mediante la comunicación amistosa con la persona cercana que está en contra de que practiques el trading, organizar tu espacio para disponer de un entorno libre de distracciones, negarte a crear tu pequeño fondo de cobertura para otros, organizar un horario que te permita estar despierto en el momento adecuado y con el que no estés resentido; ah, y sí, y sigue las normas establecidas.

CAPÍTULO 10

Actualización sobre el trading

Hoy es el 30 de marzo de 2023, y la última actualización que he proporcionado databa del 12 de marzo de 2023. En esa fecha, mi cuenta había experimentado un ascenso de un 57,6 % y había crecido 28 815 dólares en 2023 hasta ese momento, habiendo empezado con 50 000 dólares el primer día del año.

Mi cuenta ha experimentado un aumento ahora de sólo un 55,9 %, habiendo obtenido 27 953,91 dólares. Esto supone 900 dólares menos que el 12 de marzo. De las catorce jornadas de trading entre estas dos fechas, registré pérdidas en cuatro días de esos catorce, y como los días con pérdidas suponen un mayor impacto que los días con ganancias, estoy registrando una pequeña pérdida a lo largo de este período de tiempo.

No soy Stephen Curry y a veces echo de menos el baloncesto. ¡Dadme un tiempo muerto, un respiro!

Como recordatorio, empecé con 50 000 dólares en la cuenta. Ahora ha subido hasta los 77 953,91 dólares.

Una cosa que nos sucede a los mejores es que después de darnos demasiadas palmaditas en la espalda, nos provocamos una torcedura en los hombros y nuestros brazos acaban lesionados, lo que hace que resulte más complicado clicar en los botones adecuados. Sentirse invencible puede suponer un mal movimiento. Eso es más o menos lo que me sucedió en marzo.

Mañana alcanzo el hito de los tres meses en mi travesía de 2023 en el trading, y han surgido dos cosas que la afectan directamente: una para peor y otra es de esperar que para mucho mejor. Estoy iniciando unas obras en mi casa y necesito una cierta cantidad de dinero en mi cuenta bancaria para satisfacer los requisitos para que me concedan el préstamo para las obras, que pretendo sumar a mi hipoteca. Esto requerirá de pasar algo de dinero de la cuenta de trading a las cuentas bancarias, que es en las que las entidades de crédito se fijan para las solicitudes de un préstamo. Estoy pensando que este proyecto de trading finalizará mañana y que me prepararé para el siguiente proyecto, que es increíblemente emocionante.

Tiene que ver con operar con muchos cientos de miles de dólares. Te lo contaré todo al respecto en el siguiente capítulo de actualización sobre el trading.

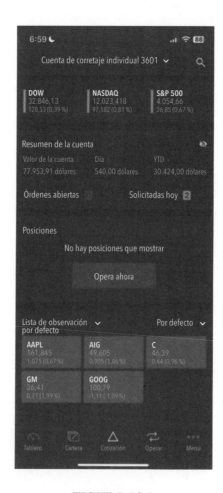

FIGURA 10.1

CAPÍTULO 11

Gráficas

as únicas gráficas con las que trabajo constantemente bien deben mostrar unos
valores actualizados cada segundo. También empleo gráficas con líneas en ellas en
lugar de velas.

La principal razón es que nunca logré aprender las velas y que las líneas me resulta-
ban más familiares en general.

Tal y como he dicho, nunca estudié cursos ni tomé clases sobre el trading de valores
u opciones, por lo que algunas cosas que hago y digo puede que no sean tradicionales.
Yo, por ejemplo, llamaba «gráficos» a las gráficas hasta hace bien poco. Publiqué algunos vídeos en redes sociales, y otros traders se rieron de mí por llamarlas «gráficos» en
lugar de gráficas. Investigué al respecto y vi que «gráficas» es el término más correcto
para referirse a ellas.

Si ves algunos de mis cursos en vídeo, empleo el término menos correcto.

Pese a ello, la gente podrá superarlo.

Sumerjámonos.

Sólo hay una plataforma que ofrezca gráficas de un segundo que pudiera encontrar
fácilmente disponibles, y cobra, en el momento de la redacción de estas líneas, sesenta
dólares mensuales. Se llama *Plan Premium*. Pero estás de suerte. También hice tratos
con ellos para conseguirte un ahorro si entras a través de mi vínculo. El servicio se llama
TradingView.

¿Qué es TradingView?

TradingView es una plataforma de trazado de gráficas y una red social usada por más
de 50 millones de traders e inversores de todo del mundo para detectar oportunidades a
lo largo y ancho de mercados globales. Detallaré cómo configurar tus gráficas de modo
que puedas emplear las técnicas de descubrir y después interpretar patrones predecibles.

Pasos a seguir:

En primer lugar, inscríbete para crear una cuenta (si el vínculo no funciona, simplemente acude a 20mintrader.com y entra en el chat): www.tradingview.com/?aff_id=26705

Obtén el Plan Premium. Éste es el único plan que ofrece gráficas actualizadas segundo a segundo. Puedes elegir el plan mensual o anual.

Una vez que hayas acabado de rellenar tus datos, deberás añadir «Datos de mercado extra».

Ve a Cuentas y Facturación.

FIGURA 11.1

Clica en «Añadir datos de mercado extra».

FIGURA 11.2

Marca el «MERCADO DE VALORES NASDAQ» y clica «Siguiente».

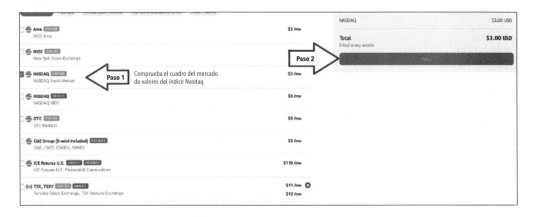

FIGURA 11.3

Después de confirmar el pago, rellenarás una encuesta confirmando que no eres un trader profesional. Responde a cada pregunta honestamente.

Una vez que lo hayas hecho, se te redirigirá para que empieces a configurar tus gráficas. Si no te lleva directamente a tus gráficas, haz lo siguiente: clica en «Productos» y luego en «Gráficas +».

FIGURA 11.4

Una vez que te encuentres en tus gráficas, haz lo siguiente:

Paso 1: Elige un símbolo de un valor bursátil.

FIGURA 11.5

Paso 2: Añade un índice (generalmente se tratará del DJI o promedio industrial Dow Jones).

FIGURA 11.6

Paso 3: Pasa tu ratón por el índice y selecciona «Nueva escala de precios».

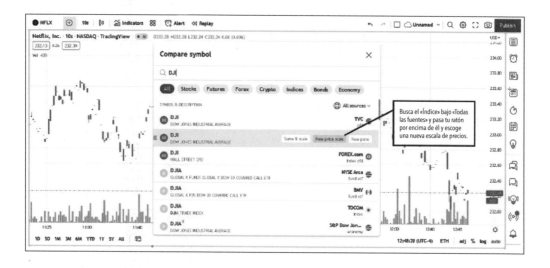

FIGURA 11.7

Paso 4: Cambia el tipo de gráfica a lineal.

FIGURA 11.8

Paso 5: Desplaza la escala del índice a la parte derecha de la pantalla.

FIGURA 11.9

Paso 6: Configura el período de tiempo a una vista de un segundo.

FIGURA 11.10

Paso 7: Configura las horas regulares de trading como horas de trading extendidas u HTE (si ya te encuentras en las HTE puedes saltarte esta parte).

FIGURA 11.11

Paso 8: Asegúrate de marcar la opción automática de ajuste de los datos a la pantalla.

FIGURA 11.12

En ambas escalas, clica con el botón derecho del ratón allá donde apuntan las flechas. Paso 9: Renombra para guardar tu gráfica.

FIGURA 11.13

Desconectar el autoguardado te permite refrescar tu gráfica si algo va mal, de modo que tus ajustes se restauren. Para ver si algo va mal, comprueba el nombre de tu gráfica en la parte superior derecha (a la izquierda del botón azul de «Publicar»). Si aparece la palabra «Guardar», esto significa que tus ajustes se han visto alterados o no se han guardado. Puedes, simplemente, refrescar la página y tus ajustes se restaurarán.

Felicidades, has configurado exitosamente tus gráficas del mismo modo en que configuramos las nuestras.

CAPÍTULO 12

El promedio industrial Dow Jones

Describamos esta métrica concreta, ya que es el índice más observado y rastreado de la historia.

Remontándonos a finales del siglo XIX, el editor del *The Wall Street Journal* en esa época, Charles Dow, y su socio, Edward Jones, desarrollaron el promedio industrial Dow Jones para usarlo como vara de medir al intentar transmitir cómo le estaba yendo al mercado de valores. Tomaron las doce compañías estadounidenses más importantes de entre distintos sectores en esa época y sumaron los precios de sus acciones. Entre estas empresas se incluían la American Cotton and Oil Company, General Electric, Tennessee Coal and Iron, etc. En esos tiempos, la primera cifra del índice rondaba un valor de 40. En la actualidad (los últimos 5 años) puede encontrarse en cualquier punto entre 19 000 y 40 000. El número de compañías representadas ha pasado de doce a finales del siglo XIX a treinta a día de hoy. Entre las incluidas en la actualidad tenemos a Disney, Nike, Coca-Cola, Home Depot, Walmart, Apple, McDonald's, etc. Éstas son las mayores compañías de entre distintos sectores elegidas para esta métrica o índice. El valor del índice es, en esencia, los precios brutos de los valores de estas treinta empresas modificados ligeramente de modo que puedan ponderarse adecuadamente y que luego son sumados. El promedio industrial Dow Jones es el indicador más consultado del mercado de valores, y también parece desempeñar un papel a la hora de diagnosticar la salud de la economía estadounidense. Si está subiendo o bajando, tiende a mostrar cuánta confianza tiene la gente (o no) en estas grandes corporaciones y de cuánto dinero sobrante dispone la gente para gastarse en la compra de estas acciones, lo que puede ser un indicador de cómo le está yendo a la gente en general desde el punto de vista económico. Tiene muchas interpretaciones, que nos ayudan a decirnos cómo están las cosas. Los tácticos, los expertos y los analistas han criticado el índice Dow Jones, afirmando que es demasiado estrecho y que sólo representa a treinta compañías de entre cientos de miles. Otros índices incluyen a más compañías: por ejemplo, el S&P 500, que representa a las quinientas compañías que cotizan en la Bolsa más valiosas, y el NASDAQ Composite, que representa a unas tres mil empresas distintas. Si el Dow Jones es el mejor índice o no, no es el tema importante. Simplemente necesitamos que comprendas que el Dow Jones es una cifra que se actualiza a cada segundo y que va avanzando, y que sus cambios se basan en las modificaciones de los precios de las acciones de esas treinta compañías. El Dow Jones recibe mucha atención y hace que los inversores reaccionen a nivel mundial. También es el índice en el que me fijo a modo de mi predictor para los momentos/puntos de compra, cuando decido adquirir el valor de inversión, la opción de compra. Por lo tanto, vamos a conocer el índice Dow Jones. Sin embargo, puede que te encuentres con que otros índices funcionan mejor.

CAPÍTULO 13

Un relato de descubrimiento

Permíteme explicarte cómo lo descubrí.

Acababa de dejar un trabajo en el que había estado durante veintiún años: una organización sin ánimo de lucro en la que pasé mucho tiempo educando a gente por muy poco dinero. Me mudé a otra ciudad, y mi mujer seguía en la ubicación original, finiquitando su trabajo. Estábamos a punto de embarcarnos en una nueva aventura en la vida.

Todavía no disponía de una vivienda, por lo que estaba viviendo en una habitación que le sobraba a mi hermano en su apartamento, en Pasadena (California). Debido al sueldo bastante bajo que me pagaban en la organización sin ánimo de lucro, y no habiendo trabajado durante un breve período de tiempo, había acumulado una cantidad nada desdeñable de deudas. No tenía trabajo, ni un lugar para vivir y nada estaba asentado.

Estaba valorando mis opciones en la vida, teniendo en cuenta mis habilidades, oportunidades e intereses.

Tenía algo de experiencia en la carpintería y la construcción, y pensé en conseguir un empleo en ese sector. También había adquirido un talento en cuanto a hablar frente a un público y, lo más importante de todo: en instruir a otros a superar el miedo escénico al hablar el público. Por lo tanto, decidí escribir un libro sobre esta materia, pensando en que ésta podría ser una especie de fuente de ingresos. Cuanto más estudiaba, más me daba cuenta de que este campo estaba saturado de gurús increíbles y que, además, no era extraordinariamente lucrativo. Probablemente siga haciendo algo en ese campo, ya que mi forma de reducir marcadamente el miedo escénico para la gente que tiene que hablar en público era novedosa, y he enseñado esto a más de quinientas personas a lo largo de quince años. Me gustaría compartirlo algún día.

Mientras valoraba estas alternativas, mi hermano me enseñó algo sobre el trading de opciones. Estaba muy desinteresado en general porque consideraba que el trading intradía era una trayectoria profesional que pensaba que no sería satisfactoria y que no contribuiría en nada al mundo en su conjunto.

Había conocido a nueve personas que eran traders a jornada completa. Una de ellas era, además, un jefe de tropa de los Boy Scouts y parecía que le estaba yendo genial, pero los otros ocho parecían realmente estresados e infelices.

Cuando tenía veintiún años, conocí a una mujer llamada Sue que había acudido a la organización sin ánimo de lucro en la que estaba trabajando. Lo primero que noté es que parecía irritada ya de entrada. Su rostro estaba un poco enrojecido y su expresión era nerviosa, como si estuviera en una habitación en la que hubiera una rata suelta, estando perfectamente de pie, con los ojos completamente abiertos, intentando captar cualquier sonido del movimiento, como si estuviera aterrorizada. Mantuvimos una charla social y estuvo bien, pero recuerdo un momento en el que estaba mirando en otra dirección y yo quería hacerle una pregunta, pero no quería molestar al resto de la gente que estaba en la biblioteca en la que nos encontrábamos. Le toqué el hombro ligeramente y dio un respingo, se encogió de miedo y empezó a respirar agitadamente como si yo hubiera aparecido de repente desde una esquina y le hubiese dado un susto. Ella siempre estuvo así. No era cosa de un día, sino que era algo crónico.

Más adelante averigüé que era una trader a jornada completa sin otra profesión. No me paré a pensar en ello detenidamente en esa ocasión, para ser honesto.

No fue hasta más adelante, cuando conocí a Scott, que manifestaba los mismos síntomas. El mismo tono rojizo en el rostro, como un rubor cuando alguien está avergonzado, pero como algo crónico. Podría haber sido fruto del alcohol, pero mencionó que nunca había bebido ni tomado drogas, y le creí. Su tez rubicunda era una manifestación de su existencia en su estado de lucha o huida. El mismo nerviosismo inquieto. Averigüé que también era un trader a tiempo completo.

Esta misma serie de aspectos curiosos se mostró en el caso de otras seis personas. Un hombre llamado Robert era muy esnob y se cuidaba mucho. Vestía de traje y llevaba un peinado perfecto. Parecía un político o un presentador de un noticiario. Tenía unos movimientos controlados y una dentadura deslumbrante, pero bajo esa lujosa ornamentación externa tenía las pupilas dilatadas, unos tics nerviosos y un ligero temblor.

El único tipo que era un trader a tiempo completo y que no exhibía estos síntomas era Barry, que pasaba todas las tardes trabajando como voluntario con los Boy Scouts después de haber finalizado su sesión de trading. Era algo interesante.

No he conocido a todos y cada uno de los traders intradía que hay en el mundo: sólo he conocido a nueve; pero encontré curioso que todos, excepto uno, mostraran esta serie de síntomas que parecían la encarnación del estrés y la ansiedad. No pude evitar sino recordar la escena de *Entre pillos anda el juego* en la que Eddie Murphy y Dan Ackroyd (Billy Ray Valentine y Louis Winthorp en la película, respectivamente), estaban en el aseo de la Bolsa de materias primas, arreglándose tranquilamente sus corbatas y su cabello antes del campanazo que anunciaba la apertura de la Bolsa. A su lado había dos caballeros tomándose unos medicamentos con receta y hablando de sus úlceras y de su presión sanguínea alta.

Decidí que la combinación del estrés que hacía que el corazón se te disparase y la ausencia de una contribución o servicio a los demás provocaba estos problemas. No soy médico ni psicólogo. Soy simplemente una persona que practica la mirada no sesgada subconscientemente (MNSS) y que además tiene una opinión.

La parte relativa al estrés y la ansiedad debería tener sentido para cualquiera; pero ¿qué hay de esta parte sobre «el servicio a los demás» o su factor de «contribución a la sociedad»? Ésa es una filosofía completamente distinta sobre la que me extenderé más adelante, en breve. En resumen, creo que el valor de una persona para con los demás, al igual que para con su familia, compañeros de trabajo y el mundo en general, es algo de lo que es conocedora y que tiene un impacto en su bienestar. Trabajando en esta organización sin ánimo de lucro, se me hizo evidente que aquellos que acababan de incorporarse y que marcaban una diferencia ayudando a los demás mostraban un poderoso aumento significativo de bienestar personal, mental o espiritualmente, y frecuentemente físicamente. Debe haber algo en este fenómeno que va más allá de la pura fisiología química. Una vez más, habrá más comentarios al respecto más adelante.

Quiero destacar que no estoy haciendo un juicio moral sobre la gente que se dedica al trading intradía. Sin embargo, mentiría si no te dijera que cuando tuve amigos que se estaban subiendo al tren del trading intradía no les hubiera hablado de las cosas que había visto. Les aconsejé que tuvieran una actividad de contribución destacada y tangible en su vida además de su estilo de vida del trading intradía. Les hablé de las nueve personas a las que había conocido que eran traders intradía y cómo ocho de ellas parecían más estresadas de lo normal. Una de ellas, Martin, sufrió un infarto de miocardio y falleció a los cuarenta y cinco años mientras montaba en bicicleta.

Un viernes, en septiembre de 2019, mi hermano, Kris, estaba llevando a cabo algunas operaciones con opciones de compra de Tesla, me ofreció probar. Me permitió adquirir un contrato de opción de compra de Tesla y dejar que evolucionara a lo largo del día. No tenía ni idea de lo que estaba haciendo, pero observe esa gráfica como un halcón durante todo el día. Vi cómo subía y bajaba, pero principalmente ascendía. De hecho, subió bastante durante la segunda mitad de la sesión de trading, y ganamos trescientos dólares, habiéndonos gastado sólo trescientos dólares: ¡Un 100 % de beneficio! Esto fue, obviamente, algo fascinante para mí, especialmente porque estaba completamente arruinado. A lo largo de las dos semanas siguientes, aprendí más sobre cómo funcionaba todo y qué eran en realidad las *opciones*.

Tuve la suerte de que mi hermano tuviera un amigo llamado Frank, que era un consumado trader aficionado de opciones con un mentor, que prefiere conservar el anonimato y que tenía treinta años de experiencia en el trading en el mercado de valores. Le llamábamos «Yoda». Frank pudo responder a cada una de mis mil preguntas, y aquéllas para las que desconocía las respuestas las obtenía del mentor. A lo largo de los dos siguientes meses, mientras seguía intentando escribir un libro sobre cómo hablar en público y revisando las ofertas de trabajo en el campo de la construcción, aprendí y aprendí.

Y en caso de que te lo estés preguntando, aunque Frank estaba operando con opciones regularmente, pasaba la mayor parte de su tiempo como cámara profesional y creó una tienda en Internet que vendía accesorios de su invención. Estaba libre de las características propias del estrés que había percibido anteriormente entre los traders intradía a jornada completa.

Cuando intenté comprender los conceptos más abstractos relacionados con el mercado de valores leyendo o viendo vídeos de YouTube que los describían y seguí estando confuso, Frank se tomó el tiempo para explicármelos, sin pedir nunca ninguna compensación. Se mostró feliz de ayudar. Estaré eternamente agradecido a este amigo que se sintió movido a simplemente estar ahí sentado y echarme una mano durante docenas y docenas de horas, aclarándome los términos y los principios que son difíciles de comprender.

En ningún momento estudié un método ni una estrategia. Esto no es porque piense que sean inadecuados, una estafa o poco fiables. Se debe a que, mientras me estaba fijando en el mercado, seguía oyendo hablar acerca de estadísticas sobre cómo la gente que intenta dedicarse al trading fracasará. Éste era un estribillo que se repetía en bucle. Me recordó una historia que he explicado anteriormente en la que un viajero llegó hasta una tribu que demonizaba a la caverna gimiente que había cerca mientras sufría los efectos de la sequía. El viajero ignoró las advertencias y entró en ella, desmintiendo los antiguos miedos relativos a la cueva maldecida por los fantasmas. También sabía que si tuviera que integrarme en una tradición de fracasos postulados podría acabar sucumbiendo a ella.

Comentario al margen: sólo mido 1,68 metros. Cuando estaba en mi primer año en el instituto, medía 1,55 metros, y era un atleta. Había destacado en el fútbol cuando era más joven y, como resultado de ello, tenía unos pies ágiles, pero el baloncesto era el deporte más importante en esa época (la década de 1990 en Los Ángeles). No había competencia. Toda la gente a la que conocía jugaba a baloncesto en esa época: chicos y chicas. Michael Jordan aparecía en todos los anuncios televisivos y en las cajas de cereales de desayuno. Nuestro equipo de fútbol no tenía animadoras, pero el de baloncesto sí tenía un equipo completo. Por lo tanto, a pesar del hecho que de «todo el mundo sabía» que tienes que ser alto para jugar al baloncesto, hice pruebas para formar parte del equipo. Ni siquiera era un buen tirador, por cierto. Whiting, el entrenador, me aceptó con estas palabras: «Sólo te incorporo al equipo porque corres más rápido que ningún otro jugador, y pareces sentir pasión, pero serás el duodécimo hombre en un equipo de doce jugadores. Aprende a lanzar y a driblar realmente bien mientras averiguamos cómo encontrarte una buena utilidad». Era el jugador más bajo de toda la liga.

Resulta que tenía una estrategia en mente al aceptarme en el equipo. Empleó mis pies rápidos para emparejarme con el mejor jugador del equipo rival, evitando que le llegara el balón. Para el primer partido de la temporada, preparó al equipo para la «caja y uno», una estrategia de defensa en la que cuatro jugadores de nuestro equipo defendían zonas que se asemejaban a una caja vista desde arriba. Yo era el jugador libre que se pegaba al mejor jugador del equipo rival como una lapa. Mi único objetivo en la vida durante el tiempo que pasaba en la pista era evitar que le llegara el balón. Empezó el primer partido y me pegué al jugador estrella, que solía promediar unos treinta puntos por partido. Al principio nadie le pasó el balón, ya que siempre estaba encima de él. Finalmente, consiguió el balón una vez y saltó para lanzar, clavando la canasta. Estaba determinado a evitar que esto volviera a suceder.

La próxima vez que alguien le pasó el balón le di un manotazo para que no lo recibiera y recuperé la posesión. Tenía la pista completamente libre por delante de mí, así que esprinté en mi primer contraataque hacia el aro contrario. Estaba corriendo muy rápido… y no había practicado el regateo a toda velocidad, por lo que perdí el control del balón, que rodó hasta salir de la pista. Qué vergüenza. Había conseguido un robo de balón limpio y un contraataque, y la había fastidiado. Durante el resto del partido, mi jugador rival sólo metió otra canasta más, totalizando cuatro puntos en ese partido, y como su equipo tenía tanta dependencia de sus canastas, ganamos el partido.

La estrategia funcionó. Esa tarde, pasé cuatro horas en una pista vacía, esprintando de una canasta hasta la otra, haciendo bandejas hasta que pude correr a toda velocidad y, pese a ello, mantener el control completo del balón mientras hacía una bandeja al tiempo que balón corría por mis dedos. Dejé de practicar hacia las 23:45 h.

El entrenador Whiting me dijo que adquiriera destreza en los lanzamientos de tres puntos y los tiros libres. Me dio un artículo de un tipo que había clavado veinte mil tiros libres seguidos: un poseedor de un récord Guinness. Este hombre predicaba la rutina: adoptando exactamente la misma postura, la misma colocación exacta de los dedos y todo el resto de detalles. Practiqué durante cuatro o cinco horas extra cada día después del colegio los lanzamientos de tres puntos y los tiros libres.

Durante el resto de la temporada promedié trece puntos por partido debido a robos que dieron lugar a contraataques, clavaba un triple de vez en cuando y mis tiros libres suponían puntos casi garantizados. Nuestro equipo jugó su mejor temporada en la historia del colegio, llegando a las fases finales por primera vez.

Al final del año, los entrenadores de los equipos rivales votaron por mí para formar parte del «equipo de la liga», eligiéndome entre los diez mejores jugadores de entre cientos, pese a que nunca había sido ni siquiera uno de los diez mejores jugadores de mi equipo. Insistieron en que había arruinado con éxito su juego de ataque defendiendo y robando balones a sus mejores jugadores. Todos ellos me odiaban, pero me respetaban. En verdad, el mérito se debe a mi entrenador, que, en el momento de la escritura de estas líneas, acaba de conocer su ingreso en el Salón de la Fama por sus décadas de contribución entregada al desarrollo del juego en equipo mediante su papel como entrenador de baloncesto.

Al año siguiente me nombraron capitán del equipo y el jugador más valioso, sin superar los 1,63 metros de altura antes de graduarme.

La moraleja de este relato es que hago hincapié en romper la tradición de los «hechos» manidos sobre el fracaso. «No puedes ser un jugador de baloncesto de éxito si eres bajo». «No puedes vencer a Wall Street si eres un novato. Te arrollarán». «Necesitas diez años de experiencia antes de que te vaya bien en los mercados».

Mi actitud ha sido:

- Aprender las reglas del juego.
- Ignorar a los detractores.
- Averiguar cómo ganar pensando de forma distinta y creativa.

Fue con esta actitud con la que enfoqué el juego del trading. Iba a fijarme en él sin ideas preconcebidas sobre cómo valorar e interpretar las cosas que veía. Iba a observar, a definir las palabras y los conceptos y a desarrollar mis propias determinaciones.

Y lo que vi en el otoño de 2019, al observar gráficas móviles de valores de la Bolsa y de índices bursátiles, fue que había ocasiones en las que el precio de las acciones en las que me estaba fijando bajaba y subía regularmente. Y de vez en cuando podía predecirlo, pero no sabía por qué.

A lo largo del mes de noviembre observé esas gráficas y puse a prueba mi habilidad para determinar cuándo el precio de las acciones de compañías tecnológicas descendería y ascendería. Me di cuenta de que adoptaban una forma de «U», cayendo primero para después volver a subir al poco tiempo. Quería saber si había alguna forma de averiguar cuándo ascenderían después de haber caído. Le pregunté a Frank acerca de esto, y me dijo que no tenía ni idea, pero que se lo preguntaría al mentor. Éste, que era de gran ayuda para definir los elementos del mercado de valores, repitió la vieja máxima de que predecir así lo que iba a hacer el mercado era imposible, y que incluso pensar que alguien *podía* hacerlo era una forma de delirio que me categorizaba en el mejor de los casos, como un optimista estúpido y en el peor de los casos como un megalómano. No me ofendí por su respuesta, pero la archivé en mi carpeta de comentarios de detractores junto con mi correo basura y tarros de yogur vacíos mientras seguía estando agradecido y atesoraba sus sabias explicaciones.

A pesar de su nivel básicamente de aficionado, Kris me sugirió que me fijara en la gráfica del promedio industrial Dow Jones para ver si daba alguna pequeña señal previa de que iba a subir. «Parece que hay una correlación entre los valores en los que te estás fijando y el Dow Jones», me dijo.

Lo hice y me di cuenta que, de vez en cuando, antes de que unas acciones aumentasen de valor, después de bajar, el Dow Jones sufría un ascenso previo. Subía antes de que lo hicieran las acciones, y entonces le seguía el ascenso de las acciones.

Estaba empezando a ver una ventaja, una forma de monetizar esta pequeña predicción, y pensé que podía trasformar esto en una forma de ganar dinero.

Tengo una teoría sobre esta forma de ganar dinero, y voy a compartirla, pero quiero que tú, el lector, comprendas que, como he dicho antes, no me desagrada, no siento aversión ni tengo ningún problema moral con alguien que se dedique al trading intradía para ganarse la vida. Simplemente expongo mis observaciones. En mis tratos con miles de personas a lo largo de mis veintiún años de trayectoria profesional en una organización sin ánimo de lucro, era bastante evidente que los implicados en ayudar a los demás genuina y eficazmente parecían sentir un mayor amor por sus semejantes, parecían más realizados y estaban, simplemente, más sanos mental y físicamente. Proporcionar un servicio que beneficia a los demás hace que el proveedor y el receptor se sientan bien porque saben que son valiosos. En el caso de la mayoría de los trabajos en este mundo, este elemento está, de hecho, presente en mayor o menor medida. Si eres contable o administrador, al conciliar las transacciones de alguien y añadir una buena cantidad de orden al desorden, ayudas a esa empresa o persona. Cuando entregas tu trabajo, la persona está contenta con él y te paga. Tanto el resultado de proporcionar un servicio deseado y de que te paguen por él te hace sentir bien. Este ingrediente básico del intercambio de un producto o servicio valioso con otra persona por otra cosa preciada da lugar a un sentimiento interior de mérito. ¿Significa eso que todos los que tienen un trabajo valioso son felices? Por supuesto que no, pero sí significa que creo que la gente con un trabajo valioso en el que su servicio personal es provechoso para otras personas tiene unas mejores probabilidades de un bienestar personal que la que no está trabajando y no es de valor para los demás.

Hay muchas actividades que no son útiles para nadie en concreto, incluso aunque produzcan dinero como resultado. Algunos ejemplos obvios son las estafas, los robos y las apuestas. También hay maquinaciones para ganar dinero en las que uno puede arañar algo de dinero de una transacción actuando como «mediador» desapercibido. Puede que no estés facilitando nada y que acabes de encontrar una forma de poner algo en marcha en algún lugar y que te incorpores para beneficiarte del intercambio. O puede que hayas encontrado un vacío legal en la banca o algo relacionado con las tarjetas de crédito que te permita ganar dinero legalmente trapicheando con las recompensas y los acuerdos de reembolso, comprando tarjetas de regalo y usando las recompensas de las tarjetas de crédito para, de alguna manera extraña, conseguir, lenta pero profusamente, algo de dinero. Una vez más, no estoy juzgando a nadie por hacer esto. De hecho, creo que es inteligente aprovechar las ventajas como las millas de vuelo de las tarjetas de crédito y los acuerdos de reembolso, pero si toda tu vida se basa en eso y estás urdiendo monetizar un truco como tu medio de vida, quizás no obtengas tanta satisfacción como alguien que asesore a una pequeña empresa y la convierta en un gran éxito, mejorando la vida de sus beneficiarios. Si este método de urdir algo que se te ha ocurrido es la única fuente de ingresos de la que dispones, es posible que tu estimación de tu valía para este mundo quede vacía.

Esto también puede llevarse al extremo en la otra dirección. En la organización sin ánimo de lucro para la que trabajaba, había muchas personas muy entregadas, fanáticas y parecidas a mártires, y tenía que preguntarme por qué se sentían como si estuvieran haciendo las paces con el mundo. Algunas de estas personas llevaban un estilo de vida humilde a pesar de trabajar siete días a la semana al servicio de los demás, e incluso parecían rechazar ofertas con un mayor sueldo cuando se las presentaban. Recuerdo a una mujer que había estado trabajando treinta años ganando muy poco y que tenía un aspecto muy abatido diciéndome que tenía que vivir a base de «comida rápida que compraba en un pequeño supermercado», ya que era todo lo que podía permitirse.

Mientras tanto, básicamente trabajaba como voluntaria a tiempo completo por la causa en la que creía. Qué persona más heroica es, en serio. Pero cuando lo sumé todo, me di cuenta de que había otras personas que cuidaban de sí mismas y que trabajaban en las mismas actividades de voluntariado, pero que disfrutaban de un estilo de vida más saludable en parte debido a un mejor sueldo, y sus contribuciones eran más significativas que las de la mujer de la comida rápida. La simple energía física que poseían debido a su buena salud y al descanso adecuado que se proporcionaban a sí mismos hacían que los resultados de su trabajo fueran más eficientes y productivos.

Todo puede llevarse a extremos y volverse raro. Alguien, por ejemplo, podría decir que una agradable mujer mayor que le diera caramelos a los niños sería una buena persona, pero si fuera obsesivamente de acá para allá dando a cada niño montañas de dulces, metiéndoselos a la fuerza en la boca, podríamos pensar de ella que es una psicópata.

Por lo tanto, aquí tenemos dos extremos. Tenemos al mártir y al delincuente en cada borde de la larga escala graduada. Puede que haya una mejor forma de etiquetar estos extremos de la escala. En el lado del mártir podríamos hablar de «gente que lo da *todo por nada*», y en el lado del delincuente podríamos etiquetar a la gente que lo toma *todo por nada*.

Ambos son, en mi opinión, estilos de vida con los que no creo que fuera feliz. En el lado de *darlo todo por nada* de la escala, pero no llevándolo al extremo, podrías tener al obrero que trabaja duro y recibe un sueldo bajo, cosa que hice yo durante veinte años. Esta persona obtiene un salario exiguo a cambio de un gran esfuerzo. En el lado de *dar nada por todo* de la escala, pero sin irnos al extremo, podrías encontrarte con estos maquinadores que arañan dinero de las transacciones. El trader intradía podría encontrarse también en este lado de la escala. Además, tenemos a aquellos que tienen un empleo habitual que aporta un valor negativo a la gente que hay a su alrededor. Estorban a la gente, generan confusión y son perezosos. Estas personas se encuentran en el lado delictivo del espectro.

Creo que captas lo que quiero decir.

Creo que un cierto grado de maniobras con las cosas para obtener una ventaja económica mediante las inversiones o una gestión inteligente es tanto sabio como sano, y que una buena cantidad de contribución al mundo con un servicio o producto valioso es vital para el bienestar personal. En nuestra sociedad actual, de la forma en la que está estructurada, con demasiada frecuencia la recompensa por la contribución no es suficiente para la calidad de vida con la que la mayoría de la gente sería feliz. Hay muchas iniciativas que intentan rectificar este desequilibrio. El capitalismo se encoge de hombros y dice: «¿Qué podemos hacer al respecto?», y el socialismo dice que tenemos que comportarnos como Robin Hood con todo. Bueno, desconozco cuál es la respuesta perfecta, y sólo puedo hablar de lo que he visto con mis propios ojos. El altruismo total no funcionó. La avaricia total tampoco funciona; pero mucho altruismo y un poco de avaricia parecía la combinación adecuada.

Decidí dar con una forma de hacer que mi vida aportara algo mientras, al mismo tiempo, también era capaz de dedicar un poco de tiempo a que el dinero me hiciera ganar dinero. He sido un trabajador con un sueldo muy bajo desde hace décadas, y encontrándome en un sofá y con una gran deuda con cuarenta y dos años, estaba listo para darle la vuelta al guion, pero no al estilo de *Breaking Bad*.

Así pues, ahí estaba yo, mirando gráficas. No estaba buscando un patrón, sino simplemente observándolas. Entonces me di cuenta de que podía predecir un pequeño ascenso en los valores tecnológicos que vigilaba con un elevado nivel de precisión, pero no sabía por qué podía hacer esto. La pura curiosidad me llevó a investigar más mientras tonteaba con las apuestas por otras opciones en el mercado de valores y evaluaba más trayectorias profesionales.

Perdí todo el dinero que habíamos ganado anteriormente con la opción de compra de Tesla, e incluso el resto que había aportado se había esfumado. No me estaba yendo bien simplemente averiguando hacia dónde se encaminarían las cosas y luego deseando y esperando.

Hacia principios de 2020, estaba realmente corto de dinero, quedándome sin capacidad de maniobra con mis tarjetas de crédito e intentando pensar en una forma de conseguir un poco de dinero extra, que necesitaba tan desesperadamente.

«Podría simplemente jugar con estos pequeños ascensos que conozco y sé cómo predecir y ganar algo de dinero extra de esa forma», pensé. Vencería al sistema con la única cosa de la que estaba convencido.

Y así es como nació el trader de 20 minutos.

Y así es también como descubrí un patrón.

Estábamos a principio de 2020, y ahora, en la primavera de 2023, he ganado una buena cantidad de dinero en el trading con estos patrones predecibles y he logrado que varios millones de personas aprendieran mis métodos. Decenas de miles de personas estudian los cursos que he desarrollado, y docenas de personas me ayudan a investigarlo y desarrollarlo.

Por supuesto, una pregunta frecuente que me hacen es por qué lo estoy enseñando si funciona tan bien. ¿Por qué no guardármelo para mí? Creo que la respuesta es obvia. No podía esperar a contarle esto a la gente. Nunca supuse que la gente pagaría para aprender. Eso fue toda una sorpresa.

Intentar enseñar a la gente a descubrir patrones no fue fácil al principio, ya que la forma en la que yo lo descubrí fue fijándome en gráficas. Entonces vi que podía predecir los movimientos, me di cuenta de que había tendencias y propensiones en los movimientos de las líneas de las gráficas, y luego lo puse a prueba, formulé hipótesis y practiqué.

Afortunadamente para ti, mientras pasaba a enseñar este método a muchas otras personas, aprendí a transmitírselo a la gente, y aquí se encuentran las respuestas.

Ahora introduzcámonos en cómo identificar un patrón predecible.

CAPÍTULO 14

Guía práctica para el descubrimiento de patrones

El primer paso del descubrimiento de un patrón predecible consiste en configurar las gráficas y aprender a usarlas. A estas alturas, ya deberías haberlo hecho, pero si no es así, te recomiendo regresar a la sección sobre la configuración de las gráficas y prepararlas para ponerlas en marcha.

Es importante que usemos las gráficas que evolucionan a cada segundo, ya que cada momento importa con esta técnica. Yo, por ejemplo, llevé a cabo una operación la semana pasada en la que compré un conjunto de opciones de compra y las vendí doce segundos después, consiguiendo un beneficio de 1300 dólares.

Si hubiera dispuesto de gráficas de cinco segundos eso se me habría pasado por alto.

En realidad, el valor de las acciones cambia docenas o centenares de veces por segundo, pero el precio en un determinado momento es el valor de la última transacción entre el vendedor y el comprador. Por lo tanto, en las gráficas que se actualizan cada segundo podemos saber lo más instantáneamente posible qué está pasando realmente con el precio de unas acciones.

Si tenemos que esperar cinco segundos para descubrirlo, posiblemente lleguemos demasiado tarde. Pueden suceder muchas cosas en cinco segundos y quizás nos perdamos la señal.

Una vez que hayas configurado las gráficas de un segundo, deberás escoger el símbolo de un valor con el que operar.

La mejor forma de escoger un valor consiste en elegir una compañía que creas que es buena, tiene un futuro robusto y te guste. Podría, por ejemplo, escoger Lululemon porque sé que a mi mujer le encantan sus productos y sé que es una compañía en crecimiento que está medrando. Algunos podrían elegir Netflix, porque ha estado dominando el sector de los proveedores de entretenimiento y no parece que esto vaya a cambiar en mucho tiempo. Puede que Apple sea la favorita de otra persona, o Meta, que aloja a las mayores plataformas de redes sociales del mundo. Sea lo que sea, elige una compañía grande que te guste. Entonces acude a tu buscador de Internet o a un bot de inteligencia artificial que responda a todas tus preguntas y pídele cuál es el símbolo del valor de esa empresa. Por ejemplo, el símbolo de Apple es AAPL, y el de Lululemon es LULU. Estos símbolos de un valor son los códigos designados para que el mercado de valores identifique compañías o fondos cotizados en Bolsa (FCB).

Un *fondo cotizado en Bolsa* se comporta exactamente igual que un valor con su propio precio de sus acciones y su símbolo o abreviatura. No se trata de una compañía que produzca un producto o servicio, sino que es, simplemente, un fondo que contiene un conjunto de compañías. Cuando adquieres una acción de un FCB, estás comprando un pequeño pedazo de cada empresa en esa cesta o grupo. Un ejemplo es SPY, que es el símbolo de un FCB que representa a todas las compañías incluidas en la lista del índice S&P 500, que representa, a su vez, a las quinientas compañías que cotizan en Bolsa más valiosas de EE. UU. Al comprar una acción del FCB estamos invirtiendo en un fondo, que es como si se diera dinero a un fondo mutuo, pero en lugar de ello, este fondo es proporcionado por un mercado de valores. Por lo tanto, se llama fondo cotizado en Bolsa (FCB). En lugar de tener que inscribirse en un fondo mutuo, simplemente hace falta comprar las acciones del FCB, y entonces se posee participaciones de cada valor incluido en el fondo. El FCB llamado SPY refleja el índice S&P 500 prácticamente a la perfección. Esto también se aplica a otros índices. Hay incluso un FCB del Dow Jones. Uno puede escoger el SPY como su símbolo de elección, por ejemplo. Ésta no es una recomendación para comprar, vender o mantener ningún valor. Es, simplemente, un símbolo o abreviatura en el que creo que se puede encontrar un patrón. Lo que hagas con este patrón predecible es cosa tuya y de tus asesores autorizados.

Independientemente del símbolo que elijas, ya se trate de un FCB o de una compañía, haz lo siguiente.

Toma el símbolo del valor que escojas y conéctalo a una gráfica de TradingView. Entonces configura la escala a cinco años. La parte inferior de la gráfica mostrará varias opciones, como un día, cinco días, un mes, tres meses, etc., hasta llegar a todo el tiempo que ese valor ha cotizado en bolsa. Clica en cualquiera de esas opciones, y se mostrará el precio de ese valor en una gráfica que abarcará el período de tiempo elegido. Escoge cinco años de modo que puedas ver cuál era el precio del valor desde hace cinco años hasta la actualidad. Cambia la gráfica de velas por una de líneas si todavía no lo has hecho y lo prefieres. Si la tendencia general de los precios de estas acciones está aumentando claramente a lo largo de ese período de tiempo, incluso aunque haya habido un descenso reciente, será un candidato como valor que puede estudiarse. Esto se debe a que sólo los valores que poseían esta cualidad tenían patrones predecibles.

En la parte superior de las gráficas hay opciones sobre los intervalos en los cuáles querrías que se moviesen las líneas. Puedes elegir diez segundos, por ejemplo. Esto significa que cada línea en la gráfica representará un intervalo de diez segundos entre un precio y el siguiente. La línea avanzará otro segmento cada diez segundos. La gráfica ideal es una gráfica de un segundo. Esto nos proporcionará el nivel de detalle que queremos. Si te encuentras con que intentas elegir gráficas de un segundo y se rechaza esta opción, eso significa que no estás suscrito al plan correcto. Debes ascender a una membresía prémium, que es la membresía de mayor nivel, y en el momento de la redacción de estas líneas valía sesenta dólares mensuales. Si esta cifra se encuentra fuera de tu alcance, no temas. Se te garantizará un período de prueba gratuito de un mes si te inscribes para tener la membresía prémium. Asegúrate de usar nuestro enlace para esto: www.tradingview.com/?aff_id=26705

No hay tratos mejores, que yo sepa, que a través de nuestro enlace. A modo de recordatorio, para inscribirte en el período de prueba gratuito de un mes, seguirás teniendo que introducir la información de tu tarjeta de crédito o de débito. Sin embargo, si cancelas la inscripción dentro de los treinta días siguientes, no te cobrarán nada. Después de inscribirte, programa una alarma que te avise a los veintiocho días, más o menos, desde el momento de la inscripción, para que te recuerde si quieres cancelar tu membresía o no. Después de veintiocho días, si decides segur inscrito, no hagas nada. Si te parece que esto es una pérdida de dinero, cancela la inscripción. No tienes nada que perder.

Una vez que dispongas del valor que has elegido y de las gráficas a intervalos de un segundo, clica en el símbolo «+» en la parte superior izquierda de la gráfica, lo que te permitirá añadir otro conjunto de líneas a la gráfica ya existente. Añade el promedio industrial Dow Jones, listado bajo el apartado «Índices». Normalmente aparece en forma de una línea naranja o roja, y el valor que has elegido aparece en color azul por defecto. Todo esto se cubre e ilustra en el capítulo dedicado a configurar tus gráficas, pero repito esto aquí de modo que no tengas que ir y venir. Ahora dispones de la línea de tu valor/FCB y de la línea del DJI (índice Dow Jones) que se entrecruza por la gráfica. Si no aparece en forma de líneas, deberás cambiar las velas por líneas, cosa que encontrarás en otro icono en la fila superior que contiene iconos.

Ahora ha llegado el momento de investigar.

Desplázate por la gráfica y busca un patrón en forma de «U» en la forma del valor. ¿Se desplaza el precio de las acciones hacia abajo y hacia arriba, y hacia abajo y hacia arriba, con cada forma general de descenso y ascenso que dura entre un minuto y varios minutos? Quiero decir, ¿muestra la gráfica una forma de «U» que dura entre uno y varios minutos?

Si la gráfica del precio de las acciones en las que te estás fijando no tiene la forma de «U» algunas veces durante los veinte primeros minutos de la jornada, entonces deberás escoger otro valor. Regresa para escoger una compañía, valora sus estadísticas en los últimos cinco años y regresa a este punto. Una vez que hayas encontrado un valor que se mueva mucho y que presente la forma de «U», habrá llegado el momento de ver si hay un predictor en algún lugar que podamos aprovechar y emplear como nuestra herramienta, nuestra bola de cristal, para saber cuándo el precio de esas acciones aumentará.

En la figura 14.1, puedes ver que hay una forma de «U» en la línea más oscura (que debería ser azul en tu gráfica) durante el período de dos minutos indicado. El índice Dow Jones, que es la línea más clara (roja o naranja) se desplaza claramente hacia arriba divergentemente en la parte inferior de la «U» y, por lo tanto, la línea oscura asciende.

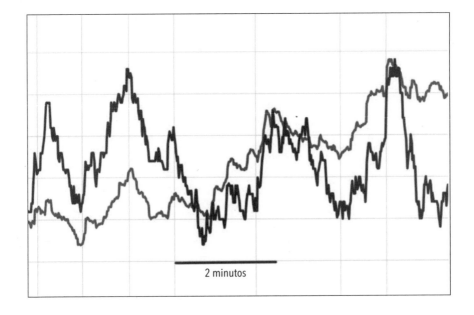

2 minutos

FIGURA 14.1

86

Ésa es una gráfica real de un patrón del 20-Minute Trader®.

Nótese que el índice Dow Jones predice o incluso provoca que la línea más oscura ascienda. En la figura 14.1, puedes ver cómo esto ocurre en las dos formas de «U» presentadas.

Es el mismísimo movimiento que supone el secreto del éxito de esta estrategia. Ahora debes intentar navegar hacia el día anterior y ver si se pone de manifiesto el mismo patrón. ¿Hay formas de «U»? ¿Y tienen algunas de las formas de «U» un movimiento divergente del índice Dow Jones en la parte inferior de la «U» que prediga el ascenso subsiguiente de las acciones? Fíjate y tabúlalo.

Date cuenta de que TradingView borra las gráficas de un segundo de dos días antes cada día, así que lo máximo que podrás ver es un día en el pasado. Puedes ver las gráficas de hoy y las de ayer.

Fíjate en cada forma de «U» que se dé en un valor a lo largo de un período de tiempo de veinte minutos que vaya desde la apertura del mercado hasta veinte minutos después; pero seamos claros: hay movimientos pequeños y movimientos grandes en los que no estamos interesados. No nos preocupan los movimientos pequeños serrados o dentados; y tampoco nos importan los grandes movimientos de diez minutos. Lo que nos importa son las formas de «U» de un minuto o dos, quizás tres, o quizás incluso de menos de un minuto, pero no mucho menos.

Empieza al principio de la jornada y cuenta las «U» que veas. Podría haber dos, tres o siete. Fíjate en cada una y asígnale un número: «1, 2, 3, 4...». Crea una entrada en un diario, una hoja de cálculo o un cuaderno de notas para cada una de estas formas de «U». Al lado de cada una de ellas describe la duración de la «U», y la cantidad de dólares y centavos que descendió y ascendió. Es de esperar que ahora dispongas de una colección de entre cinco y diez de esas tabulaciones a lo largo de este estudio de dos días de duración.

Lo siguiente que debes anotar es exactamente qué hizo el índice durante la parte inferior redondeada de la «U» que pareció haber inspirado el aumento de precio del valor.

En el primer patrón que descubrí, la señal fue un movimiento de ascenso del índice Dow Jones durante diez segundos, divergentemente. Esto significa que el Dow Jones estaba apartándose de una relación de sincronía con el valor, ascendiendo por su cuenta antes de que el valor hiciera lo mismo.

Por cada una de las formas de «U» que hayas anotado, incluye una descripción sobre qué hizo exactamente el índice, incluyendo durante cuánto tiempo y la magnitud. Verás que varias de las formas de «U» no tendrán una señal del Dow Jones divergente en medio de la «U». Es esos casos, la forma de «U» simplemente se produjo y no fue resultado de un movimiento del Dow Jones. Esto también debería anotarse.

También puedes apuntar que el Dow Jones nunca hizo ningún movimiento especial en absoluto durante las formas de «U» que hubieran significado un ascenso subsiguiente. En otras palabras, no hubo una señal por parte del Dow Jones antes de la segunda mitad de la «U», antes del ascenso. En este caso, sería mejor probar con otro índice, como el NASDAQ, el S&P 500, o incluso el Russell 2000, que ha demostrado ser un buen predictor. El índice Russell 2000 mide el rendimiento de unas dos mil de las empresas más pequeñas que cotizan en la Bolsa en EE. UU. y constituye una herramienta diagnóstica popular para estas compañías más pequeñas.

Sitúa el índice Russell 2000 en la gráfica en lugar del Dow Jones y repite este ejercicio. Revisa los otros índices según sea necesario. Todo lo que buscamos es algún movimiento que constituya una señal del índice en la parte inferior de la «U», lo que indica un ascenso subsiguiente. Después de haber determinado esto, anota los valores de la duración en segundos entre el movimiento del índice y el ascenso subsiguiente, la duración del movimiento del índice, el movimiento del índice y la magnitud del movimiento del índice. Un ejemplo podría consistir en que el Dow Jones se desplazara divergentemente hacia arriba, separándose de la línea del valor (de las acciones) durante diez segundos, y que la magnitud del pequeño ascenso fuera de, digamos, quince puntos. Nota al margen: los valores del Dow Jones se miden el «puntos», en comparación con los dólares y centavos, que es como se miden las acciones. Anota todos estos valores para cada una de las formas de «U» que veas. Vuélvete loco con esto si quieres. Añade detalles y haz capturas de pantalla (de hecho, esto es muy recomendable). Conviértete en un bicho raro, si no lo eres. Conviértete en un completo superfriqui durante esta fase. Es realmente divertido, especialmente cuando empiezas a vislumbrar la receta, la formula, la bola de cristal. Como TradingView no permite retroceder mucho (no más de un día) con las gráficas de un segundo, esto sólo puede hacerse para la jornada actual y la de ayer.

Si acabas aquí, podrías meterte en problemas, porque es posible que veas el inicio de la «U» en el patrón de las acciones, luego el ascenso divergente y que se aleja por parte del Dow Jones, y luego ver que las acciones simplemente siguen cayendo. En este caso, estás fracasando a la hora de predecir. De hecho, si observas todo el período de veinte minutos (09:30 h - 09:50 h), verás múltiples ocasiones en las que las acciones bajan de precio, el Dow Jones se desplaza hacia arriba y las acciones siguen cayendo. ¿Cómo sabemos que ésta es una de las ocasiones en las que el ascenso del Dow Jones o de otro índice es un predictor y cuándo la subida de este índice debe ignorarse? Ésa es la siguiente fase de esta investigación.

Lo que vi es que debe existir un buen grado de coordinación entre estas dos líneas antes de que podamos asumir que un movimiento divergente del índice dará como resultado que las acciones se muevan como respuesta a ello.

Si cada vez que el índice se movía, un momento después las acciones también se movían, entonces nuestro trabajo estaría hecho. Lo único que tendríamos que hacer es observar el índice, ver cómo asciende, adquirir las opciones de compra del valor, mirar cómo las acciones suben y vender la opción de compra para obtener un beneficio. Y hacer esto repetidamente. Esto resultaría demasiado obvio y fácil. Un mono podría predecir lo que iba a hacer el mercado de valores.

No. Debe haber una indicación de antemano de que el valor y el índice están unidos en cuanto a su movimiento. ¿Y cómo podríamos determinar esto? Viendo cómo se entrecruzan a lo largo de la gráfica, acompasados. Desplazándose juntos, como la doble hélice de la molécula de ADN que todos estudiamos en la escuela. Cómo las trenzas del cabello largo de alguien. En la figura 14.2, vemos esta tendencia general en la que ambas líneas permanecen a un valor relativo similar. Si las líneas fueran enormemente independientes, entonces cualquier movimiento de una de ellas no debería tener influencia en la otra. Las dos líneas de la figura 14.3 no muestran conexión, ninguna «amistad», ningún vínculo. Son dos líneas solitarias, y cada una sigue su propio camino independiente.

Nunca buscaría un patrón predecible en esta gráfica.

Por lo tanto, debe existir un grado de movimiento mutuo antes de la divergencia del índice que estamos buscando, lo que sugiere que, si una se aparta de la otra, podría haber una necesidad magnética de que la otra reconecte. Es esta suposición la que condujo al pequeño ascenso predecible.

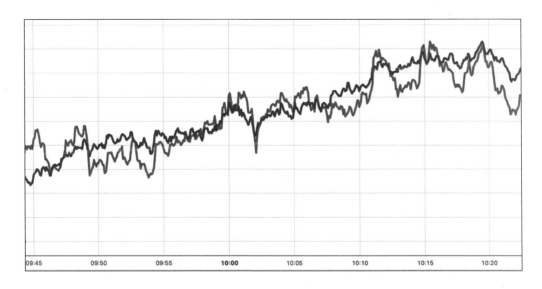

FIGURA 14.2

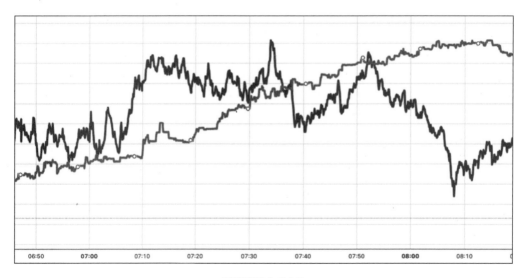

FIGURA 14.3

Primero busco una unificación: una sincronización del valor y del índice. Luego busco la caída, que debe ser mutua, con ambas líneas descendiendo, formando la parte izquierda de la «U». Después busco el índice divergente, durante el cual las acciones se están allanando: en otras palabras, están descendiendo menos marcadamente y el índice está ascendiendo con una cierta agresividad. En estos escenarios, he encontrado una probabilidad clara de que el valor intente reconectar con el índice y viceversa: que el índice intentará reconectar con el valor. Este amor que ambas líneas sienten la una por la otra para volver a reunirse rápidamente y abrazarse es una historia de amor que me ha hecho obtener beneficios. Como predice un aumento del precio de las acciones, compro, y acto seguido sube y entonces vendo.

Por lo tanto, ahora debes examinar esto en tu estudio de las «U». Toma tus notas y repásalas buscando este elemento de comportamiento sincronizado entre estas líneas enamoradas, y verás que debe estar presente antes del ascenso del índice, que actúa como tu señal de compra.

Toma notas de esto. Fíjate en lo duradera que debe mostrarse ahí la sincronización para que la señal sea efectiva.

El siguiente paso es la diligencia debida.

Repasa las gráficas de un segundo de hoy y fíjate en las ocasiones en las que las dos líneas viajaban juntas, el índice divergió, subiendo él solo por su cuenta, pero que pese a ello el precio del valor se desplomó. Este estudio es muy importante porque te hablará de ocasiones en el futuro en las que verás cómo las dos líneas caen juntas, y empezarás a buscar el ascenso divergente del índice, y lo verás, y comprarás, pero pese a ello las acciones seguirán con su movimiento descendente. Debes anotar todas las ocasiones en las que se produzca esto durante el período de veinte minutos. Éstos serán los amagos que echarán a perder tu trabajo, las pistas falsas que perseguirás.

De acuerdo, te definiré lo que es una pista falsa o maniobra de distracción *(red herring* o, literalmente, arenque rojo, en inglés). Una pista falsa es una táctica de distracción usada por los delincuentes que intentan escapar de los perros rastreadores o sabuesos que los están persiguiendo. Al dejar un arenque ahumado en algún lugar, los perros irán tras él y el delincuente podrá escapar. En nuestro sistema, una maniobra de distracción es una señal de compra falsa que engaña a nuestro olfato y nos conduce hacia una pérdida.

Debes identificar estas pistas falsas de modo que puedas darte cuenta de la frecuencia con la que puedes ser engañado.

Verás: es bastante posible que concibas una fórmula genial para descubrir señales de compra mediante el estudio de estas formas de «U» y que, pese a ello, persigas una pista falsa que te haga acabar en la pobreza.

El simple estudio de las formas de «U» podría dar lugar a una falsa sensación de seguridad en el método.

En la figura 14.4, éste parece un momento excelente para comprar. Las acciones se están aplanando y el Dow Jones está subiendo; pero, lamentablemente, aquí tenemos el resultado real.

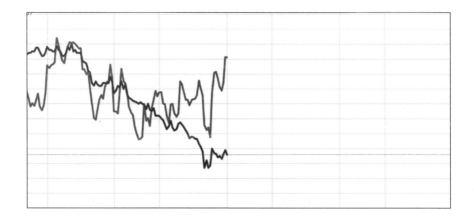

FIGURA 14.4

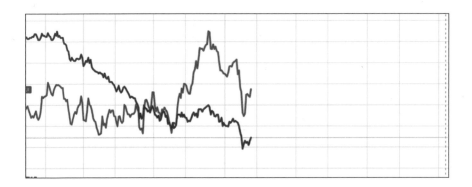

FIGURA 14.5

Puede que las acciones hayan experimentado un ligero aumento de precio con el buen ascenso del índice, pero que luego simplemente siguieran su camino descendente. Esa pequeña subida del precio de las acciones no supone un ascenso suficiente para, ni siquiera, cubrir las tarifas del contrato de opciones.

Por lo tanto, es vital un estudio exhaustivo para descubrir los ingredientes y la anatomía de una pista falsa.

Pero todavía no dispones de suficiente información.

Aquí es donde entra en juego el estudio en tiempo real. Durante entre las cinco y las diez siguientes jornadas de trading, o más, si lo deseas (yo, al principio empleé veinte), observa las gráficas durante los veinte primeros minutos del día. Desde el principio hasta el final. Observa estos movimientos en tiempo real. Al principio parecerán líneas aleatorias que serpentean por la pantalla. No te rindas aquí. Sigue observando y observando, al estilo MNSS: mirada no sesgada subconscientemente.

Recomiendo encarecidamente NO obtener la opinión de otra persona. No formes equipo en esta ocasión. Hazlo por tu cuenta y confía en tus propias observaciones. Esto no incluye al personal del servicio al cliente de mi página web, que está formada exclusivamente para poder ayudar a la gente a descubrir un patrón sin añadir peculiaridades. Esta sugerencia de no obtener el punto de vista de otra persona no se debe a que las observaciones o las intenciones de esta otra persona sean malas. Se debe a que el sistema que estás creando aquí es TU sistema. Tú TIENES la formula, tienes todos los derechos de propiedad sobre ella, y la propiedad intelectual de esta fórmula es tuya. Además, las notas de otras personas eliminan la parte «no sesgada» de la MNSS y te harán ver cosas que no habrías percibido antes a partir del sesgo de la otra persona, lo que podría desviarte en una dirección incorrecta. Simplemente observa por tu cuenta.

A medida que pasen los segundos, los minutos y los días, y tomes notas cada jornada sobre lo que ves, las normas del patrón se formarán de manera natural, y te encontrarás poniendo a prueba tu propia capacidad de predecir.

Quizás percibas que las dos líneas deben desplazarse sincronizadas durante por lo menos quince segundos en sentido descendente antes de que la señal de compra sea válida; o que en el caso de las maniobras de distracción (las señales de compra falsas), el Dow Jones ya mostraba una independencia con respecto a las acciones antes de la pista falsa, haciendo cosas aleatorias a las que las acciones no estaban respondiendo. Esto puede decirte que es probable que la «señal de compra» sea falsa. En este caso debes, debes y debes llevar un diario, y debes retroceder y leer tus anotaciones anteriores. Te sorprenderán.

Una vez que hayas hecho esto durante una semana, o tres, dispondrás de tu conjunto personal de normas para predecir un breve ascenso en el precio de las acciones. Me gustaría proporcionarte una muestra de un conjunto de normas que elaboré para predecir un aumento de precio de unas acciones para así ponerte un ejemplo con el que trabajar.

Espero a que el Dow Jones y el valor se unan en una tendencia descendente mutua sincronizada que dure por lo menos diez segundos. Espero a que las acciones se aplanen después de su caída, formando la primera mitad de una forma de «U». Entonces me fijo en que el Dow Jones se separe durante diez segundos, con una tendencia al alza mientras las acciones siguen a un nivel inferior, pero estabilizándose para seguir la tendencia. Emito mi orden de compra. Si las acciones siguen al Dow Jones en su trayectoria ascendente, creo mi orden de venta, pero no vendo todavía. Las acciones suben junto con el Dow Jones. Cuando se vea que ambas líneas empiezan a descender juntas, vendo. Si cualquiera de las dos sigue ascendiendo, me espero.

También dispongo de un punto de salida que descubrí basándome en mi investigación: echarse para atrás en una operación perdedora consiste en lo que sucede con una operación en la que el valor decide ignorar el movimiento ascendente del Dow Jones y simplemente desciende.

Mientras observo las gráficas durante la fase de estudio, tabulo a qué nivel general cayó el valor antes de subir. Digamos que el valor tiende a descender doce centavos o menos antes de activar su ascenso después de que veamos el movimiento del Dow Jones que hemos determinado que era una señal de compra. Me proporciono un punto de caída de trece centavos desde donde he comprado hasta donde vendo a pérdidas. En otras palabras, compro la opción basándome en los criterios del punto de compra y entonces apunto que el valor tenía un precio de, digamos 300,13 dólares. Me aseguro de conocer esta cifra, de modo que cuando caiga hasta los 300 dólares venda a pérdidas. No obstante, dispongo de ese colchón de 13 centavos para darle al valor una opción de descender un poco antes de que repunte hacia arriba.

Esto da como resultado un índice de victorias lo suficientemente decente como para hacer que valga la pena; pero estos distintos parámetros se establecen debido a las tabulaciones diarias que llevé a cabo.

Cuando examinaba los patrones diarios, apunté una lista de datos.

1. ¿Durante cuánto tiempo tenían que avanzar juntos el índice y el valor antes de que empezara a buscar un movimiento divergente del Dow Jones?
2. ¿Cuán grande tiene que ser el movimiento del Dow Jones para ser predictivo de un ascenso subsiguiente del valor? ¿Durante cuánto tiempo? ¿Qué magnitud concreta de ascenso?
3. ¿Cuán hacia abajo tendió a ir a la deriva el valor antes de que se iniciara el ascenso después de darse el movimiento divergente del Dow Jones?
4. ¿Cuán alto tendió a ir el valor cuando se inició el ascenso?
5. ¿Hubo alguna otra pista que señalara cuándo debería finalizar el ascenso?

Después de establecer las respuestas y tabularlas en forma de normas, llevé a cabo una revisión y busqué las ocasiones en las que si hubiese aplicado las normas la cosa no hubiera funcionado. Entonces busqué pistas que me dirigieran en la dirección de cómo identificar cuándo se daban estos amagos, cuándo las normas fallaban o cuándo las pistas falsas me harían ir en la dirección incorrecta. Éstas se convertirían entonces en reglas nuevas que incorporé a mi conjunto de normas. En mi caso, si notaba que el Dow Jones y el valor eran enormemente divergentes en los últimos movimientos que habían tenido, llegaba a la conclusión de que una señal de compra no sería segura. Esto es bastante fácil de detectar. Las líneas no han estado entrelazadas en el pasado reciente. Éste es el territorio de las pistas falsas.

Pasar por un período de tiempo de estas valoraciones sencillas me proporcionó la lista de cosas que usar como mis criterios; y después, ceñirse a ellas como un técnico que estuviera poniendo a prueba el método en lugar de como un tipo que quiere ganar dinero acabó resultando bastante rentable.

Y así es, amigo mío, cómo fui capaz de identificar un patrón predecible en el mercado que podía usar para obtener provecho.

CAPÍTULO 15

Las opciones de compra: La explicación completa

Es vital tener un conocimiento incluso mejor de las opciones de compra para trabajar con ellas, hacerse amigo de ellas y entrar en negocios con ellas.

Por cierto, este capítulo concreto tiene una lectura en el medidor de friquis o bichos raros de siete sobre diez. Por lo tanto, estate preparado para eso. Antes de que empecemos, debo recordarte que el dato dominante que necesitas conocer sobre las opciones de compra es que las adquieres e intentas venderlas a un precio más alto. Es tan sencillo como eso. La mecánica de lo que estás comprando exactamente y los detalles subyacentes de qué significa todo esto es más para tu educación que para tu uso.

Lo primero es lo primero: redefinamos brevemente qué es una opción de compra. Una opción de compra es un contrato que le proporciona al poseedor el derecho, que no la obligación, de comprar un activo subyacente, como por ejemplo un valor o una materia prima, a un precio predeterminado, llamado precio de ejercicio, en o antes de una fecha concreta llamada fecha de vencimiento. En mi último capítulo sobre las opciones de compra, las comparé con alquilar cien acciones por contrato de opción de compra, ya que cuando compras un contrato es como tener cien acciones del valor sin poseerlas, y obtienes el beneficio o las pérdidas relacionadas con ser el propietario de cien acciones. También me referí al precio de ejercicio como un precio del cupón. El precio de ejercicio no es el precio objetivo al que uno aspira, sino que es un precio de venta de las acciones. Cuanto más bajo sea el precio de ejercicio en comparación con el precio de las acciones, más valioso será el contrato de opción de compra.

Las opciones de compra disminuyen de valor a medida que se aproximan a la fecha de vencimiento. A medida que esta fecha se acerca, el valor de tiempo de la opción decrece y ésta se vuelve menos valiosa. A esto se lo conoce con el nombre de «pérdida de valor monetario debido al paso del tiempo» o theta, y afecta a todas las opciones, y no sólo a las opciones de compra.

Si adquiriste una opción de compra por mil dólares por acciones de Apple cuando el precio era de 130 dólares por acción, y el precio no cambia en absoluto, al día siguiente tu opción de compra probablemente valdrá unos 950 dólares. Su valor va reduciéndose, y esto debería ser comprensible. Cuanto más lejana esté la fecha de vencimiento, mayor será el valor inherente para el poseedor del contrato, ya que hay una mayor posibilidad de que el precio aumente y así hacer que el contrato subyacente sea mucho más valioso.

Hablemos, pues, de cómo cuanto mayor sea el precio de ejercicio, más barato es el contrato. El precio de ejercicio es el precio del cupón al que el valor subyacente puede adquirirse si se ejerce la opción de comprar las cien acciones. Un precio de ejercicio más alto hace que el contrato sea más barato porque la probabilidad de que la opción se ejecute es inferior.

Cuando hablamos de opciones, solemos usar los términos «en el dinero» y «fuera del dinero» para describir la relación entre el precio de ejercicio y el precio actual del activo subyacente de las opciones de compra.

Una opción de compra se considera «en el dinero» si el precio actual de las acciones se encuentra por encima del precio de ejecución de una opción de compra. Digamos, por ejemplo, que tienes una opción de compra para adquirir una acción de una compañía a un precio de ejercicio de cincuenta dólares, pero que el precio actual de mercado de la acción es de sesenta dólares y que obtienes un beneficio de diez dólares por acción. Se encuentra diez dólares «en el dinero» o, en otras palabras, el precio de ejecución es diez dólares inferior al precio de mercado.

Por otro lado, una opción se considera «fuera del dinero» si el precio actual de las acciones subyacentes se encuentra por debajo del precio de ejercicio de la opción de compra. Empleando el ejemplo del precio de ejercicio de cincuenta dólares, si el precio de mercado fuera de cuarenta y no de sesenta dólares, la opción de compra estaría «fuera del dinero» porque no tendría sentido ejecutar la opción y comprar la acción por cincuenta dólares cuando podrías comprarla en el mercado por sólo cuarenta dólares. Por lo tanto, se dice que está diez dólares «fuera del dinero» y carece, inherentemente, de valor. Es igual que cuando se tiene un cupón para un precio de venta que es superior al que tiene el objeto que representa el cupón: carecería de valor. Uno podría preguntarse: «¿Por qué iba a querer un cupón por un precio del objeto que es superior al precio de mercado actual?». Es sencillo. Si tú, el poseedor del cupón, estuvieras bastante seguro de que el objeto fuera a aumentar de valor, superando el precio del cupón, considerarías que el cupón es valioso. Permíteme otro momento para proporcionar una analogía.

Digamos que un *smartphone* cuesta 1000 dólares. Te encuentras con que puedes comprar un cupón por 50 dólares para tener el derecho de comprar un *smartphone* por 1100 dólares en cualquier momento en los próximos tres años. ¿Comprarías ese cupón? En el momento de la compra, el cupón no valdría absolutamente nada; pero, obviamente, crees que en esos tres años el *smartphone* costará unos 1400 dólares, y entonces resulta que el trato con este cupón es bastante inteligente. Date cuenta de lo importante que es la fecha de vencimiento. Si el cupón venciera en diez días, sería completamente inútil, y nunca pagarías cincuenta dólares por él. Quizás pagarías un dólar, por si se diera el caso de que saliera un *smartphone* maravilloso en los próximos días del que quisieras sacar un provecho. No pagarías 50 dólares por un cupón para comprar un *smartphone* por un precio de venta de 1100 dólares cuando el precio vigente del teléfono es de 1000 dólares.

Si el precio de venta del cupón fuese de 900 dólares, valdría, inherente e intrínsecamente, 100 dólares. Podrías venderlo por más o menos esa cantidad si quisieses, lo que no sería muy difícil. Se diría que ese cupón está «en el dinero». Del trato con un precio del cupón de 1100 dólares se diría que está «fuera del dinero». Ambos tienen valor basándose en el precio del cupón (precio de ejercicio) y la fecha de vencimiento. Debería quedar meridianamente claro cómo esos valores cambian basándose en el cambio en el valor del activo. Si el precio de mercado del teléfono subiera hasta los 1050 dólares, ambos cupones serían más valiosos por razones obvias.

Vale la pena señalar que una opción también puede estar «en el dinero» si el precio actual del activo subyacente es exactamente igual al precio de ejercicio. En este caso, la opción no tiene un valor intrínseco.

Por lo tanto, resumiendo, «en el dinero» y «fuera del dinero» hacen referencia a la relación entre el precio actual del valor subyacente y el precio de ejercicio de una opción de compra. Si el precio actual está por encima del precio de ejercicio, la opción se encuentra «en el dinero». Si el precio actual se halla por debajo del precio de ejercicio, la opción se encuentra «fuera del dinero».

Y simplemente para volver a mencionar esto, comentar cómo cuanto más lejos se encuentre la fecha de vencimiento más caro es el contrato. Esto se debe a que cuanto más tiempo quede hasta el vencimiento, más tiempo hay para que el activo subyacente se desplace en favor del poseedor de la opción. Por lo tanto, el contrato de la opción tiene más valor y la prima es superior.

La prima es el dinero que el comprador de un contrato (el trader) paga al vendedor por el contrato. La prima es determinada por varios factores, entre los que se incluye el precio actual del activo subyacente, el precio de ejercicio, el tiempo que queda hasta el vencimiento y la volatilidad del activo subyacente. Por poner un ejemplo sencillo, si el precio de la acción es de 50 dólares y el precio de ejercicio es de 40 dólares, el valor inherente del contrato es de 1000 dólares. Esto se debe a que el poseedor del contrato tiene derecho a comprar cien acciones por sólo 4000 dólares que ahora valen 5000 dólares, lo que equivale a un valor inherente de 1000 dólares por ese contrato. Son matemáticas sencillas. Pero el coste del contrato no es de sólo 1000 dólares, sino más bien de 1200. Los 200 dólares extra de la prima van a parar al vendedor. Esto se basa puramente en que él te pide que le pagues y que tú estés de acuerdo. Así es cómo los vendedores ganan dinero vendiendo opciones de compra.

Los contratos que están en el dinero o fuera del dinero son, puramente, esa parte extra de la prima sin un valor inherente. Cuanto mayor sea el precio de ejecución, menor será la prima. Unos precios de ejercicio realmente elevados que estén muy fuera del dinero pueden tener una prima muy baja, como por ejemplo de cinco dólares. Estas parecen ideas geniales, excepto porque las deltas (la delta es una variable que representa cuánto varía el precio de una opción si el activo subyacente varía su precio en un centavo, suponiendo que el resto de los factores que influyen en el precio de una opción [volatilidad, tiempo a vencimiento, etc.] permanecen estables) son verdaderamente horribles, por lo que el beneficio es muy improbable.

Hay varios símbolos griegos que podemos aprender, pero aquí sólo mencionaremos la delta. La delta es una medida de la sensibilidad del precio de la opción a los cambios en el precio del activo subyacente: el precio de la acción. Una delta con un valor de 1 significa que, por cada dólar de cambio en el precio de las acciones, el precio de la opción variará en un dólar. Por contra, una delta de 0,5 significa que, por cada dólar de cambio en el precio de las acciones, el precio de la opción variará en 0,50 dólares.

En el caso de aquellos contratos que vencen en unas horas y que tienen un precio de ejercicio muy fuera del dinero, la delta se encuentra muy cerca de cero. Eso significa que, independientemente de cuánto suba el precio de la acción, el precio del contrato no sube.

Pero los contratos que vencen al cabo de meses y que están muy en el dinero, tienen unas deltas iguales o cercanas a uno, lo que significa que por cada centavo que sube el precio de la acción, lo mismo pasa con el precio del contrato: uno a uno. La fórmula más sencilla que más cerca está de la exactitud es que cuanto más caro sea el contrato mayor será la delta.

Al adquirir una opción de compra, se te pide que elijas la fecha de vencimiento y el precio de ejercicio. Al hacerlo, puede que veas que el coste propuesto es de dos mil dólares. Si quieres un contrato más barato podrías elevar un poco el precio de ejercicio o reducir un poco la fecha de vencimiento. En cualquier caso, el precio baja. Por contra, si reduces el precio de ejecución o prolongas la fecha de vencimiento, el precio sube.

La razón por la que preferirías comprar un contrato con un coste más elevado depende, en gran medida, de tu tolerancia al riesgo. Podrías comprar muchos contratos baratos y obtener un buen beneficio con un pequeño aumento del precio, o podrías perder mucho dinero con un pequeño descenso. Familiarizarte con estos distintos cambios y sus índices de variación puede conseguirse fácilmente mediante el trading sobre el papel, que consiste en usar dinero de mentira en una cuenta simulada. La mayoría de las correadurías ofrecen esta opción, que es muy recomendable antes de que uses dinero real.

Por último, tenemos el asunto de las tarifas de las opciones de compra. Algunos brókeres cobran 65 centavos por contrato, y algunos no cobran nada. Los que no cobran nada también tienden a disponer de tipos limitados de órdenes, lo que evita que puedas obtener órdenes sofisticadas que pueden ser bastante útiles. Por lo tanto, frecuentemente obtienes aquello por lo que pagas, pero debes tener en cuenta estas tarifas, porque pueden, realmente, suponer una cantidad importante. Otra razón por la cual mucha gente adquiere menos opciones de compra, pero más caras, es para compensar las tarifas. En este momento (2023), adquiero opciones de compra a un precio de entre ochocientos y mil dólares por contrato. Como resultado de ello, pago mucho en tarifas, pero mucho menos que si compra muchos contratos más baratos. Asegúrate de que este factor forme parte de tu plan de gestión financiera y de que no se ignore.

CAPÍTULO 16

La psicología del trading

Te voy a exponer las cinco características necesarias para un trading exitoso a largo plazo, y te explicaré el truco que uso para obtenerlas todas.

Debe existir un marco mental correcto en cualquier campo para tener éxito. Un hombre sabio dijo en una ocasión que para tener éxito la persona debe adoptar la «existencia» correcta para el papel que va a desempeñar. Esta palabra acuñada («existencia») es una forma de resumir la identidad y las cualidades individuales que dan lugar a una persona. Esto podría consistir en el aspecto que tiene, en cómo suena y se comporta, y en las actitudes que asume.

Digamos, a modo de ejemplo, que quiero ser entrenador de un equipo de baloncesto. Se me podría argumentar que sería mejor que ciertas cualidades estuviesen presentes para que esta operación resulte exitosa. Pienso, por ejemplo, que querría tener confianza en mí mismo, una voluntad de dar órdenes y hablar en una voz lo suficientemente alta como para que me oigan desde una cierta distancia.

Mostrar una actitud asustadiza, insegura y con una voz parecida a un susurro podría funcionar bien en un concurso de poesía, pero en una pista podría dañar a la confianza que tiene el equipo en mí, y sería más probable que los miembros del equipo acabaran como un puñado de individuos que fueran a lo suyo en lugar de ser un equipo unido que sepa lo que hace cada uno de ellos y puedan esperar, los unos de los otros, que se lleven a cabo tareas y jugadas y, por supuesto, que se cubran las espaldas mutuamente.

Aunque enumeraré estos atributos, también lo haré lo mejor posible para proporcionar un medio para obtener estas cualidades con una mayor probabilidad. Dudo que alguien muestre desacuerdos con estas cualidades razonables, pero puede que algunos se encuentren con dificultades a la hora de cultivarlas.

Aquí tenemos las cinco características o rasgos más importantes para los traders intradía:

- Disciplina
- Paciencia
- Gestión del riesgo
- Control de las emociones
- Expectativas realistas

«Disciplina» es la palabra más vapuleada en este campo. La gente tiene estrategias. Se ve muy tentada a abandonarlas e intentar otra cosa debido al miedo o la codicia, y lo hace. Esta tentación es interminable. Equivaldría a verse rodeado de tremendamente delicioso chocolate belga y dulces durante horas, sin nadie ahí que te esté vigilando, y que tuvieras que permanecer ahí sentado y aguantarte las ganas, negándote a probar siquiera un bocadito. Esto es a lo que se enfrenta el trader intradía constantemente, y de los ciento treinta traders con los que he operado en la Bolsa personalmente, sólo uno o dos lograron resistir completamente todas las tentaciones sin cometer disparates. El resto tuvo lapsos o deslices, o colapsos completos. Co-lapsos. Una broma en forma de juego de palabras muy propia de mi padre.

En segundo lugar tenemos la *paciencia*, que es también algo difícil. Incluso yo, que soy alguien que sólo opera en la Bolsa unos veinte minutos diarios, me encuentro esperando impacientemente durante diez o quince minutos hasta que encuentro el punto de entrada perfecto. Entrar demasiado pronto cuando los distintos criterios no están completamente presentes y forzar una operación suele ser una causa del fracaso y se debe, simplemente, a la impaciencia. También tenemos el problema del trading por venganza, en el que una persona la fastidia y decide, lleno de ira, llevar a cabo una operación arriesgada como reacción a ello, perdiendo, frecuentemente, incluso más dinero. Paciencia, amigo mío: paciencia. Simplemente un poco de paciencia. Sí.

Después tenemos la *gestión del riesgo*, una necesidad analítica para cualquier trader. Disponer de un plan bien trazado para saber qué hacer cuando se pierde y qué hacer cuando se están obteniendo beneficios es fundamental para el éxito a largo plazo. Tenía un amigo que invirtió todo su dinero en una criptomoneda y que ganó ocho millones de dólares en el proceso. Debería haber aplicado la gestión del riesgo, porque, a pesar de su increíble éxito, mantuvo todo su dinero invertido en esta criptomoneda, el valor de la cual se evaporó como una gota de agua sobre una sartén caliente, y como resultado de ello se arruinó.

Uno debe disponer de una estrategia de salida cuando esté perdiendo y de una estrategia de retirada y ahorro cuando esté ganando. Esto es VITAL.

El control de las emociones es una categoría más amplia que engloba la *paciencia* y la *disciplina,* pero que va incluso más allá. El movimiento tiene que ver mucho con la emoción. Son los movimientos que siguen a las emociones (tanto buenas como malas) los que pueden ser más dañinos. Una amiga mía invirtió en una estrategia que fue realmente exitosa durante meses, duplicando su dinero. La emoción de la avaricia hizo que invirtiera un montón más de dinero e hizo que su hermana y sus padres hicieran lo mismo. Pero, ¡ay!: la estrategia fracasó mucho más rápido que el éxito que había tenido y les hizo morder el polvo. Acabó no valiendo nada.

Una buena emoción puede ser igual de mala que una emoción mala. El trading por venganza, la compra por impulso y el salirse antes de hora en lugar de aguantar si se supone que tienes que hacerlo se basan, prácticamente todos ellos, en las emociones en lugar de en la lógica y la estrategia. He estado tan cegado por el MAPA (miedo a perderme algo) mientras veía preciosas señales de compra desaparecer en el pasado inmediato que sufrí una alucinación con otro punto de entrada, inventado por una mente que quería ver algo que no estaba ahí, y entré y perdí. Echando la vista atrás, fue como… ¡¿En qué narices estaba pensando?! No estaba pensando, sino que me estaba dejando llevar por mis emociones, y a esto le siguió un movimiento que fue estúpido. Tan sencillo como eso.

Por último, tenemos las *expectativas realistas*. Los traders intradía con unas expectativas realistas comprenden que una rentabilidad constante lleva tiempo y esfuerzo. No esperan hacerse ricos de un día para otro. Se centran en unas ganancias constantes y sostenibles en lugar de ir tras unos beneficios rápidos.

¿Y cuál es la solución para todo esto, te preguntarás?

Te aseguro que la respuesta que estoy a punto de darte es absolutamente única y que nunca la ha dado nadie antes.

La única que funciona para mí y que me permite incluir estas cualidades que son tan vitales para el trading es: EL TÉCNICO *(The technician).*

—¿Te refieres a la película en la que actúa Jason Statham?

—No, ésa es *The mechanic* (El mecánico).

—¡Ah, entonces te refieres a la película protagonizada por Christian Bale!

—No, ésa es *El maquinista.* Estoy hablando de *The technician.*

Debes convertirte, completamente, en un técnico.

Tienes que fingir. Debes interpretar tu rol. Debes asumir la identidad. Debes meterte en tu papel.

Aquí tenemos lo que quiero decir: imagina que simplemente estás poniendo a prueba una estrategia precisa que traza claramente unos puntos de entrada y de salida. Eres un investigador, ajeno a cualquier reacción frente a los resultados. Un observador, que sigue las normas tranquilamente para ver si funcionan o no. Luego das un paso atrás para ver si las normas han funcionado.

¿Recuerdas cuando usé la palabra «existencia» antes? Esta identidad del técnico es la ganadora. Confía en mí al respecto: te proporciona todas las cualidades anteriores; pero debes ir en serio y poseerla, pese a que estés interpretando un papel.

¿Se desembarazará de tu emoción personal?: NO.

¿Te proporcionará una paciencia natural?: NO.

¿Te aportará, inherentemente, disciplina?: NO.

Sin embargo, manifestarás estas cualidades que, literalmente, NADIE posee inherentemente, excepto los monjes shaolin, que probablemente serían los mejores traders de todos los tiempos, pero que no parecen interesados en absoluto.

Estas características se dan cuando asumes esta actitud y papel consciente del técnico. Sigues sintiéndote impaciente y avaricioso, pero si mantienes, para ti mismo, que simplemente eres un técnico, entonces tendrás un desempeño adecuado hasta el punto en que, de hecho, puedas hacerlo, cosa que puedes.

Antes de que empiece la jornada de trading, me digo a mí mismo: «Pongamos hoy a prueba el patrón. Seguiré todas las normas que he establecido y redactado. Entraré cuando aparezca la señal de compra. Me retiraré si desciende o asciende un dólar (o cualesquiera que sean mis puntos de salida especificados)».

Ajeno a todos los deseos o corazonadas, desempeño el papel del técnico que estudia y pone a prueba las normas del patrón, como un científico de laboratorio, completamente tranquilo si se pierde dinero si ése es el resultado.

La razón singular por la cual esto es tan importante y está por encima de cualquier otra es que no desprenderse de una posición perdedora por la cantidad adecuada sino, en lugar de ello, con esperanza y aguantando es la ÚNICA enfermedad que se come vivo al trader habilidoso, devora sus cosechas y quema su hogar hasta los cimientos. Conoceremos más al respecto en el próximo capítulo.

En segundo lugar, y de forma aparentemente aleatoria, llevar un diario hace más por mantener la disciplina que ningún otro método que haya observado nunca. No soy Sigmund Freud ni Wilhelm Wundt, pero puedo explicarte mi teoría y por qué funciona. La probé con cien traders. Los que llevaban un diario anotando sus puntos de entrada y de salida, sus beneficios, perdidas y otros detalles fueron MUCHO MÁS exitosos que los que no lo llevaban. No pude creérmelo cuando lo vi. Era el *principal* denominador común del éxito frente al fracaso en la estrategia de 20 minutos. ¿Quién lo habría dicho?

Mi teoría es que esto genera un enfoque sistemático, muy parecido al factor «Técnico» que acabo de describir, y nos sitúa en la mentalidad de hacer algo con protocolos y detalles. También te hace sentir mejor cuando pierdes y puedes echar la vista atrás en tu diario y ver todas las veces que ganaste, disminuyendo el deseo de recuperarlo todo de una sola tacada. Puede ayudar a erradicar la codicia cuando ganes sólo una pequeña cantidad. Miras hacia atrás en tu diario y ves cuántas de estas pequeñas cantidades se han acumulado. Reprime la avaricia y mitiga el sentimiento de pérdida, evitando el desencadenamiento de operaciones bursátiles por venganza.

Ésos son mis cinco atributos condensados para la mentalidad y la psicología para el trading exitoso implicadas en el trading intradía.

Recuerda que el trading intradía es arriesgado y que la mayoría de la gente pierde dinero. No me sigas ciegamente a mí ni a nadie más, ni uses dinero que no puedas permitirte perder.

CAPÍTULO 17

Actualización sobre el trading

H an pasado diez días desde que empecé operando con 800 000 dólares en una cuenta de una sociedad de responsabilidad limitada (SRL). La figura 17.1 muestra el valor de la cuenta el 15 de mayo, y la figura 17.2 muestra dónde se encuentra ahora, el 25 de mayo. El incremento es de 26 689,51 dólares. Esto supone un beneficio del 3,3 % en 10 días, durante los cuales hubo 9 jornadas de trading. Los nervios se han disparado, lo admito. El trading a esta dimensión es una película completamente distinta. Lo que encontré interesante es que la ejecución de las órdenes por parte del trader parece sufrir un retraso cuando uso más de quinientos contratos. La orden puede que se quede en espera durante diez segundos, más o menos, antes de su ejecución, lo que supone demasiado tiempo como para que mi estrategia tenga éxito. Por lo tanto, debo limitar mis operaciones a quinientos contratos, en lugar de ochocientos, que es la cantidad que hubiera preferido.

Emplear esta gran cantidad de dinero muestra que pude generar en nueve jornadas lo que antes, con una cuenta más pequeña, me llevaba tres meses generar.

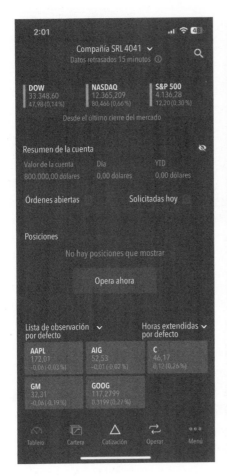

FIGURA 17.1

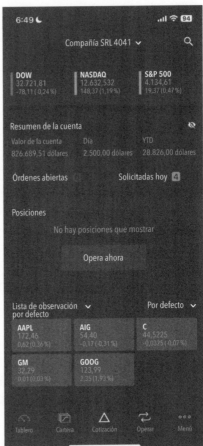

FIGURA 17.2

CAPÍTULO 18

La estrategia
a prueba de balas

¡Perder dinero da asco! Sin embargo, ser un buen perdedor es la ÚNICA FORMA de triunfar en CUALQUIER estrategia de trading que adoptes.

Permíteme explicarte y compartir contigo mi solución a prueba de balas.

Ahora, si pierdes con el trading intradía y estás leyendo esto en este preciso instante, por un lado eres muy no-único, y por el otro lado eres muy único. Las estimaciones muestran que más del 90 % de los traders intradía tienen menos dinero en su cuenta del que metieron en ella. A este respecto no eres único; pero muy pocos de estos perdedores lo admiten. Que lo hicieras y pudieras hacerlo te haría MUY único.

Oyes hablar de los grandes ganadores que muestran cómo ganaron un montón de dinero con el trading intradía, y eso te hace sentir que todo el mundo gana o puede hacerlo, pero, sencillamente, esto no es así.

Resulta que yo soy uno de entre ese pequeño porcentaje de gente que gana dinero con el trading intradía, pero, ciertamente, esto no fue siempre así.

Lo que aprendí es que la *capacidad de perder dinero adecuadamente* es el principal factor en el trading intradía, porque la cosa más difícil que uno puede hacer es liquidar una posición perdedora y luego ver cómo vuelve a aumentar de precio.

Éste es un fenómeno que constituye, PRINCIPALMENTE, *la razón* por la cual los traders intradía tienen esperanza y se aferran a una posición perdedora, que es la principal causa de pérdida de dinero para los traders intradía.

Aprendamos sobre esta enfermedad y obtengamos la cura.

No seas un ingenuo ni un zombi.

El mercado de valores puede tener un efecto hipnótico entre sus participantes, que serán incapaces de escapar a no ser que estén inmunizados.

Todos mis amigos traders han experimentado una secuencia concreta. Compran algo y su precio baja, por lo que se retiran de acuerdo con sus normas. Inmediatamente después, la cotización del valor aumenta de forma lo suficientemente vertical como para parecerse a un dedo que les esté haciendo una peineta…, lo que significa que no hubieran perdido dinero si hubieran aguantado y no hubieran vendido a pérdidas. Esto sucede reiteradamente.

Un día, el trader dice: «Voy a aguantar y no vender cuando el valor esté bajo». Pese a que la norma dice que corte sus pérdidas, debería hacerlo. Esto funciona de maravilla, y el trader se da cuenta de que ya no tiene por qué perder dinero retirándose cuando la cotización de su valor baja. «A la mierda las normas», dice. Esto vuelve a funcionar, reafirmando así su conclusión.

Varias victorias más hacen que el trader se sienta invencible, ya que ahora está haciendo crecer su inversión con ganancias. Se pavonea. Esta sensación es de euforia… y esta euforia es la anestesia antes de la amputación que está a punto de experimentar. Esto incluso puede funcionar durante dos o tres meses seguidos. Este período de tiempo podría recibir el nombre de tiempo de marinado, ya que la carne de su cuerpo se está preparando para el banquete. Un buen día, el trader se siente especialmente valiente y destina mucho más dinero, y los valores se desploman. Respaldado por la nueva conclusión de que «no es necesario retirarse», el arrogante trader aguarda y aguanta con esperanza. El valor cae a plomo hasta la fosa de las Marianas, la parte más profunda del océano.

El trader pierde el 90 % del dinero de su cuenta, intentando frecuentemente meter más dinero en puntos inferiores del valor de los activos para recuperar parte de las pérdidas y esperando que se produzca un rebote… que no aparece.

Presta atención a la solución.

«¿Cómo me protejo de esto?».

Cuando vendes repetidamente una posición a pérdidas y te encuentras con que su cotización vuelve a subir, te vuelves muy reacio a hacerlo. Es casi como si esto estuviera diseñado de esta manera. Si alguien puede superar este fenómeno y forzar al trader intradía a vender al alcanzar un marcador de caída de la cotización especificado *en el momento que sea* en el que se alcance, esa persona tendrá la clave del milagro psicológico que puede salvarle la vida a muchos traders intradía. Porque ésta *ES* su pesadilla.

Frecuentemente, la estrategia escogida funciona bien si se sigue. Es el convencerse a uno mismo de seguirla y no desobedecerla, concretamente en el aspecto de vender a pérdidas, lo que la hace difícil. En una ocasión encomendé una misión a un grupo de traders intradía para que siguieran sus propias normas a la perfección durante un mes, y les dije que les daría una recompensa si lo hacían. Esto implicaba que tendrían que liquidar su posición a una pérdida de una cantidad concreta si se daba el caso. La recompensa era sustanciosa.

Del conjunto de veinte traders que se comprometieron a hacerlo, al cabo de las primeras dos semanas quince quedaron descalificados por romper las normas. A los cinco restantes les telefoneaba cada mañana antes de la apertura del mercado y les recordaba que siguieran las normas. Uno de ellos logró perder cualquier oportunidad de conseguir la recompensa por infringir las reglas. Los otros cuatro finalizaron el mes exitosamente siguiendo las normas. Los cuatro obtuvieron unos resultados bastante rentables.

Si hay alguna manera de crear un sistema basado en la recompensa por liquidar tu posición a pérdidas cuando se supone que tienes que hacerlo, entonces habrás vencido a este enigma; porque sabes que cuando tienes una probabilidad de nueve entre diez de que el precio del valor o la posición vuelva a ascender y no suponga una pérdida, es casi imposible liquidar una posición a pérdidas. Tuve que sobornar a la gente y amenazarla para que obedeciera sus normas, y sólo fue capaz de hacerlo a la perfección durante cuatro semanas.

Me aseguro de transmitir este fenómeno en detalle a cualquier compañero trader que pudiera ser vulnerable a él, pero también le comunico este dato tanto como puedo:

Si aguardas con esperanza y aguantas UNA SOLA VEZ, entonces… un día… tú mismo harás que acabes barrido.

Si lo haces, aunque sólo sea una vez, incluso aunque tengas éxito, un día conseguirás, con absoluta certeza, barrerte a ti mismo. Es inevitable. Por lo tanto, no debes hacerlo nunca. Debes anhelar retirarte a pérdidas, porque cada vez que lo hagas garantizarás tu seguridad y fuerza.

Debes, cada día, decirte a ti mismo, antes de la jornada de trading: «Espero retirarme a pérdidas hoy, de modo que pueda demostrar lo genial y disciplinado que soy». Quiérelo. Genera ese deseo en tu interior.

Y retírate felizmente cuando se alcance el marcador de descenso designado. Claro que sí. Asegúrate de tener implementado el marcador de descenso, y de que no sea vago, sino preciso. No obstante, esto no responde por completo a la pregunta sobre cómo resolver este problema, porque, ¿qué sucede si este pequeño discurso motivacional personal que te estoy dando no funciona? Estoy seguro de que mientras estás leyendo esto te estás diciendo: «¡Puedo hacerlo! ¡Yo puedo! ¡Tiene razón! Por supuesto, me replegaré cuando alcance el marcador designado para retirarme a pérdidas. Es muy sensato». Ciertamente, en este preciso momento, mientras lees esto, en un entorno relajado, la respuesta está muy clara; pero tal y como he dicho en mi capítulo sobre la psicología, las tentaciones que se dan cuando se está operando en el Bolsa de verdad son tan poderosas que pueden someter a la lógica igual que un maestro del jiu-jitsu puede hacer una llave al cuello. Cuando estás en el momento, ahí sentado, con una cifra negativa de beneficio o pérdidas (BoP) en tu posición, saber que hay una probabilidad de nueve sobre diez de que se dé la vuelta y te proporcione un beneficio, la capacidad de liquidar esa posición y resistirte a aguantarla durante un momento más es casi inexistente. Esa capacidad es el poder más débil en ese momento. Pese a ello, esta única cosa es la habilidad que lleva al éxito o el fracaso a un trader con una estrategia decente. Este fenómeno POR SÍ SOLO determinará tu éxito o tu fracaso a largo plazo. Y PUNTO. FINAL DE LA HISTORIA.

Una vez más, si alguna vez tienes la tentación de aguardar con esperanza y aguantar cuando deberías haberte retirado, aunque sólo sea una vez, entonces un día te verás barrido. Sin embargo, tengo una solución.

De hecho, hay dos soluciones. La primera es el *stop loss* (es un tipo de orden condicionada que ejecuta la venta de un determinado activo si su precio desciende por debajo del límite marcado) y la segunda es la estrategia de retirada y ahorro.

Retirarse y ahorrar las ganancias hasta un punto en que hayas apartado tu capital inicial para la inversión e incluso algo de beneficios. Así, cuando la fastidies, no podrás perder nada de lo invertido, ya que no estará ahí para perderlo. Habrá regresado a tu cuenta bancaria. Hablaremos más sobre esto más adelante. Hablemos de los *stop loss*. He pasado por cada uno de los escenarios que puedas imaginar el en trading intradía. Incluso he duplicado y triplicado mi dinero en el transcurso de simplemente semanas y luego lo he perdido todo en una única operación estúpida.

En una ocasión gané 30 000 dólares lentamente a lo largo de tres meses y perdí 25 000 en una operación de una hora simplemente porque me negué a retirarme con una pequeña pérdida y, en lugar de ello, aguanté y *tuve esperanza* mientras me hundía en la miseria.

Entonces hice lo que hacen otros traders cuando pierden. Me miré al espejo y me dije a mí mismo que era un apostador, un perdedor, un debilucho, un idiota, un psicópata criminalmente responsable y un cobarde. La razón por la cual nosotros, los traders, hacemos esto, es porque sabemos, gracias al pasado, que debemos limitar nuestras pérdidas *retirándonos con unas pérdidas pequeñas*. Incluso disponemos de puntos de salida exactos que debemos obedecer. Sin embargo, tendemos a lamentar esas pequeñas pérdidas porque, con mucha frecuencia, el valor de nuestra posición asciende después de venderla con esa pequeña pérdida, tal y como he descrito; pero lo que sí diré es que al final di con la solución, y no requiere de autoflagelarse, avergonzarse a uno mismo o de actividades de autoculpabilización.

Simplemente requiere de los *stop loss*. En lugar de intentar forzarte a tener la disciplina de vender a pérdidas, la única disciplina que debes forzarte a tener es la de *ubicar* el *stop loss*.

Hay muchas formas de trabajar con los *stop loss*, pero me ocuparé de las tres que más he usado:

> La primera y la más fácil suele recibir el nombre de «*stop on quote*» (detenerse en una cotización), que simplemente significa que cuando la posición descienda hasta un cierto valor, la correduría venderá la posición tan cerca de ese precio como sea posible.

Un ejemplo sencillo de eso consistiría en un activo valorado en 100 dólares con una configuración del *stop on quote* de 99 dólares. Cuando el activo o valor descienda hasta los 99 dólares, la correduría lo venderá por un precio muy cercano a esos 99 dólares.

Ésta es la forma más sencilla y común de *stop loss*. Cada correduría y plataforma de trading tendrá su propia forma de presentar este tipo de *stop loss,* y es importante que aprendas cada uno de los pasos para emitir una orden de *stop loss* sobre una posición en tu cuenta de bróker.

El siguiente tipo de orden de *stop loss* es la UCLO («una cancela la otra»), en inglés OCO *(«one cancels the other»)*. Este tipo de órdenes le permiten a alguien emitir dos órdenes al mismo tiempo, una de las cuales es una orden que se ejecuta si la posición supera un cierto precio, generando un beneficio, mientras que, al mismo tiempo, se dispone de un *stop loss* que se ha emitido de forma que, si el precio de la posición cae, el *stop loss* se ejecutará antes de descender mucho más. Independientemente de la dirección en la que quieran ir los activos, se ejecutará al nivel superior o al inferior, a no ser que estos niveles se hayan colocado a tanta distancia que la posición discurra entre medio por siempre, cosa que también podría suceder.

El siguiente tipo de orden *stop loss* se llama «*stop loss* dinámico» *(«trailing stop»)*. Son idénticas a las órdenes de *stop loss* normales, pero el valor al que habrá una retirada de la posición cuando haya una caída sigue subiendo a medida que el precio del activo asciende. Siempre hay una cantidad o un porcentaje fijo al que se establece el *stop loss* dinámico o de seguimiento. Va siguiendo el valor de la posición, nunca bajando, sino sólo llevándose hacia arriba. Por lo tanto, una vez que la posición decida, finalmente, caer un poco, se liquidará. Esto también proporciona una red de seguridad mientras permite que la posición suba y suba mientras el *stop loss* simplemente asciende detrás del precio, como un ronzal que tira de él. Imagina que estás conduciendo cuesta arriba por una colina con un ronzal o una cadena de tres metros de largo por detrás de tu coche. Unida al otro extremo del ronzal hay una gran barrera con ruedas que nunca puede rodar hacia atrás, sino sólo hacia delante. Mientras conduces ascendiendo la colina, tiras de ella por detrás de ti. Tu coche empieza a deslizarse hacia atrás y va a la deriva alrededor de metro y medio hacia abajo. El ronzal deja de estar tenso, pero la barrera permanece en su sitio: no rueda hacia atrás porque tiene las ruedas bloqueadas, a no ser que ruede hacia delante. Como el coche se ha deslizado cuesta abajo un poco, la barrera se encuentra ahora a metro y medio de tu coche, y no a tres metros. Sigues ascendiendo y el ronzal se tensa y tira de la barrera por detrás de ti. Esta situación sigue así hasta que al final el coche se desliza hacia atrás tres metros y golpea la barrera, cosa que, por supuesto, es mejor que caer toda la colina abajo. Esta barrera que no puede rodar hacia atrás es el *stop loss* dinámico. El valor del *stop loss* dinámico en este ejemplo es la longitud del ronzal: tres metros.

En el caso de las acciones podría ser de diez centavos, diez dólares o la cantidad que escojas. El precio del valor o activo es el coche. El *stop loss* dinámico es el ronzal con la barrera móvil situada sobre unas ruedas que sólo giran en una dirección.

Cuando ves a unos escaladores asegurando sus cuerdas a unos ganchos unidos a la cara de la montaña mientras ascienden, esto es un *stop loss* dinámico. Si caen, sólo caerán una cierta distancia, pero pueden avanzar hacia arriba tanto como deseen.

Pues bien: te explicaré el mejor método para mí.

Mi mejor método ha sido el UCLO. Esto se debe a que, al generar o crear una orden limitada en la parte superior, frecuentemente llamada «*take profit*» (tomar el beneficio), garantizo un cierto rendimiento positivo si el activo asciende hasta ese nivel. Sin embargo, si uso un *stop loss* dinámico, el valor o la posición podría caer rápidamente y atravesar el *stop loss* por mucho y robarme parte de mi beneficio. A este fenómeno se le llama «deslizamiento». En el ejemplo de la barrera móvil unida mediante un ronzal a la parte posterior de tu coche, imagina que con el patinazo golpeas la barrera y esto hace que retroceda un poco debido a la fuerza del vehículo al impactar contra ella. Esto es el deslizamiento y, de hecho, se da con cualquier tipo de *stop loss* en el mercado de valores.

Esto significa que, cuando una orden de *stop loss* se activa y la posición debe venderse, la correduría la venderá por un precio tan cercano a ese *stop loss* como sea posible, pero casi siempre la venderá por un valor inferior al del *stop loss*. De hecho, siempre que emitas una orden de *stop loss* en tu cuenta de trading, aparecerá una advertencia antes de que puedas presionar «enviar». Te dice que probablemente no se venderá al precio deseado, sino que se venderá por un precio inferior al que deseas.

En el ejemplo del *stop loss* situado a 99 dólares, es muy probable que las acciones se vendan por alrededor de 98,95 dólares: 5 centavos menos del precio deseado. Esto supone un «deslizamiento» de 5 centavos. El principal objetivo de este capítulo es el de explicarte el mantra que he creado para mí y que me ayudó a curarme de la enfermedad de las pérdidas enormes y cuantiosas en una mala operación. Dice lo siguiente:

«Si no emito o coloco un *stop loss* en cada operación, entonces un día lo perderé todo».

Esto significa que, si llevo a cabo una única operación sin un *stop loss,* quizás tenga que despedirme de mi cuenta, porque un día lo perderé todo. Coloca un *stop loss* en cada operación a no ser que genere un beneficio tan rápidamente que ni siquiera te dé tiempo y la liquides antes de necesitar un *stop loss.* Esto me sucede frecuentemente con mi método del trader de 20 minutos. Adquiero un montón de contratos de opción de compra una vez que veo la señal de compra. Para cuando se encuentran entre mis posiciones, el valor subyacente ha aumentado de precio significativamente inmediatamente después de la compra. El beneficio y las pérdidas que se muestran en mi posición ya han alcanzado una buena cifra positiva. La cantidad de tiempo que lleva crear una orden UCLO es del doble o el triple del tiempo que lleva simplemente vender un valor. Por lo tanto, en lugar de hacerlo, con frecuencia simplemente lo vendo a su nivel de beneficio existente.

Lamentablemente, comentar esta excepción en este capítulo te proporciona una excusa para no crear un *stop loss.* Permite que el potencial violador de las normas no coloque, «por accidente», un *stop loss,* lo que abre la puerta a que el dinero se pierda a chorro desde tu cuenta de trading. Sin embargo, te mentiría si no te dijera lo que hago en realidad. En lugar de tomar los beneficios que se generan instantáneamente, debe colocarse un *stop loss.*

La clave aquí es que, en lugar de centrarme en mi supuesta falta de disciplina, cobardía, debilidad, el exorcismo de los demonios del apostador, etc., todo en lo que tengo que centrarme es en asegurarme de colocar un *stop loss* en cada operación. Si no lo hago, entonces un día lo perderé todo. Eso es un hecho. Lo he aprendido por las malas perdiendo cientos de miles de dólares simplemente por no poner un *stop loss* en cada operación. Pues bien, sólo necesito centrarme en la disciplina de colocar *stop loss* en lugar de someterme a afirmaciones y conclusiones autodenigrantes tras perder mucho dinero. El dolor de perder un poco es mucho más fácil de soportar en comparación con el vapuleo de una gran pérdida.

Por lo tanto, si alguna vez hablo con un trader intradía y averiguo que no está usando *stop loss*, le digo que predigo que un día lo perderá todo.

Hay un problema con los *stop loss*. Ha estado circulando una teoría popular de que los *stop loss* aparecen como órdenes para los traders institucionales del mundo, que tienen la capacidad de desplazar el precio de la acción hacia arriba o hacia abajo en cantidades variables para barrer los *stop loss* y adjudicarse los beneficios. Algunos gurús advierten sobre esto y dejaron de colocar *stop loss* sólo por esa razón, y en lugar de ello usan un *stop loss* manual o mental. Esto significa que esperan a que aparezca un precio objetivo y luego se retiran liquidando la posición manualmente, en lugar de con un *stop loss* previamente colocado.

Permíteme describir el escenario que estos gurús intentan evitar. Si yo comprara activos de la compañía ABC por 100 dólares por acción, y colocara un *stop loss* a 99 dólares, y digamos que muchos otros hicieran lo mismo, el cretino del trader institucional vería esto y haría bajar el precio de la acción a 98,95 dólares, compraría todos los *stop loss* y después elevaría de nuevo el precio total de las acciones para ganarse su beneficio. ¿Cómo lo hace?

Recuerda que el precio del teletipo que muestra el precio constantemente cambiante de la acción siempre muestra los valores de la última transacción para cualquier compra o venta. Por lo tanto, si el precio actual que aparece en el teletipo fuera de 100 dólares justos, podría emitir un precio de venta de las acciones de 99,99 dólares, y probablemente alguien las compraría. Luego iría bajando el precio uno o dos centavos de cada vez hasta que alcance los 99 dólares simplemente vendiendo las acciones por cada vez menos dinero. Esto es lo que los tipos de las instituciones hacen para intentar manipular los precios en la dirección que desean. Esto tiene, obviamente, algo de viabilidad, por lo que uno podría caer víctima de este fenómeno. Diría que las acciones de más baja capitalización son más propensas a esto.

Los valores con una capitalización baja, también llamados «chicharros», hacen referencia a las acciones emitidas por compañías con una capitalización bursátil relativamente baja. La capitalización bursátil se calcula multiplicando el número de las acciones en circulación por el precio de mercado actual de una acción.

Aunque no hay una definición acordada a nivel mundial, las acciones de las compañías con una baja capitalización bursátil suelen estar relacionadas con empresas que tienen una capitalización bursátil que se encuentra dentro de un cierto rango. Las diferentes instituciones o analistas financieros pueden definir las compañías con una baja capitalización bursátil de forma distinta, pero aquí tenemos una guía general:

1. Empresas con una microcapitalización bursátil: En general, las compañías con una capitalización bursátil por debajo de los 300 millones de dólares se consideran empresas con una microcapitalización bursátil. Son las más pequeñas de entre las compañías con una baja capitalización bursátil y frecuentemente representan a empresas en sus fases iniciales o a aquéllas con una presencia limitada en el mercado.

2. Empresas con una baja capitalización bursátil: Esta categoría suele incluir a las compañías con una capitalización bursátil de entre 300 millones y 2000 millones de dólares. Las empresas con una baja capitalización bursátil están, generalmente, más asentadas que las empresas con una microcapitalización bursátil, pero puede que sigan estando en sus primeras fases de crecimiento o que operen en mercados de sectores especializados.

3. Empresas con una capitalización bursátil media: Aunque no son empresas con una baja capitalización bursátil, vale la pena mencionar a las empresas con una capitalización bursátil media en aras del contexto. Estas acciones representan a compañías con una capitalización bursátil de entre 2000 millones y 10 000 millones de dólares. Las empresas con una capitalización bursátil media suelen encontrarse en una fase de transición, con un equilibrio entre el potencial de crecimiento y la estabilidad.

Los rangos de capitalización bursátil mencionados son subjetivos y pueden variar dependiendo de la fuente, la estrategia de inversión concreta o el período de tiempo referenciado. Las acciones de compañías con una baja capitalización bursátil se consideran, en general, unas inversiones más arriesgadas en comparación con las acciones de las compañías con una alta capitalización bursátil (empresas con una capitalización bursátil más elevada). Pueden ofrecer un mayor potencial de crecimiento, pero también puede ser más volátiles y susceptibles a las fluctuaciones del mercado.

Sin embargo, mi versión es la siguiente. Un pequeño inversor minorista como yo no tiene, en realidad, que preocuparse mucho por esto. Creo que los «chicharros» (acciones muy baratas) son fácilmente victimizados por la táctica de la manipulación institucional que he descrito. Tiendo a usar a compañías con una muy alta capitalización bursátil para mis operaciones, e incluso aunque empleara 10 o 20 millones de dólares para mis operaciones con *stop loss,* seguiría sin hacer sonar ninguna alarma con estos personajes institucionales intentando aprovecharse de mis *stop loss.* Uno de los gurús que había dicho que ya nunca coloca *stop loss* juega con grandes cantidades de dinero invertidas en «chicharros». En este campo, es como una ballena. Ciertamente, llamaría la atención y sería un objetivo. Como yo opero con cosas como Apple, Amazon, Microsoft y otras compañías enormes como éstas, a no ser que estuviera empleando miles de millones de dólares, no soy más que una gota en el océano, y dudo que pueda atraer nunca a estos villanos institucionales.

De lo que tengo que preocuparme es de mi autodisciplina a la hora de liquidar una posición perdedora. No he conocido a ninguna persona que superara esto con una venta manual y decidida por sí mismo de una posición perdedora y con *stop loss* mentales. Puede que estos seres sobrehumanos enigmáticos existan. Puede que procedan del mismo planeta que el Sr. Spock y que no se vean afectados por las emociones. Todavía tengo que conocer a una persona así.

Por lo tanto, voy a usar *stop loss*. Además, empleo opciones, en lugar de acciones, para mi método de trading, por lo que no creo que esto tenga el mismo efecto que tendría este fenómeno con acciones de valores. Ésta es mi opinión personal, no basada en ningún testimonio experto.

La siguiente pregunta que hacerse a uno mismo es cómo estar seguro de que colocaré estos *stop loss* cuando esté operando en la Bolsa. La única respuesta sólida que conozco es la responsabilidad.

Algunas personas se enorgullecen de no romper las promesas que han hecho. Como resultado de ello, se ganan la confianza y la buena voluntad de los demás, y aportan una sensación más elevada de orden y bienestar a su familia y sus amigos.

Pero, al mismo tiempo, estas personas que cumplen sus promesas son, casi todas, rompedoras de promesas escandalosamente malas. Sí, has oído bien: incluso la persona más de fiar, esa que no rompe sus promesas nunca, de hecho, lo hace todo el tiempo. ¿Por qué digo esto?

Porque las rompen consigo mismos: fácilmente y sin remordimiento.

«Prometo que sólo consumiré 1500 calorías diarias».

«Prometo que haré ejercicio cada día».

«Prometo que me iré a la cama a mi hora», etc. Sí, vale.

Estar sentado aquí diciéndote a ti mismo que tengas autodisciplina tiene, de hecho, algo de viabilidad, hasta que deja de tenerla. Yo dejé atrás esta endeble herramienta hace mucho tiempo. Y sí, sigo prometiéndome que haré cosas, y me ayuda, pero esto tiene muy pocas garantías. Romper una promesa contigo mismo tiene muy pocas consecuencias.

¿Pero qué hay de romper una promesa hecha a otra persona y que tenga una penalización legítima asociada? Ésa es una historia completamente distinta. Una promesa rota, aunque sea pequeña, puede destrozar toda una trayectoria profesional, una amistad o una relación, incluso aunque haya llevado años desarrollarlas y nunca se hayan tambaleado durante todos esos años.

Imagina que tu amigo te prometiera que nunca celebraría una fiesta mientras estuviera cuidando de tu casa, pero que sí lo hiciera. Para ti sería muy difícil volver a confiar en este amigo como antes. Este amigo ha perdido una importante parte de tu buena voluntad y tu contribución potencial en su vida.

Romper una promesa hecha a alguien importante para ti no es algo que alguien quiera hacer nunca. Y punto.

Saco esto a colación porque si tus normas llevan asociadas la responsabilidad, entonces habrá una mayor probabilidad de que las sigas. No conozco ninguna otra forma de asegurar el seguir una norma que crear un acuerdo con alguien importante que haya trazado claramente unas expectativas y consecuencias que también impliquen una vigilancia para supervisar por parte de la persona con la que hayamos llegado al acuerdo.

Voy a explicarte el secreto definitivo para el trading intradía en este preciso momento y ahora mismo. Acércate mucho y presta atención.

Tal y cómo he mencionado algunas veces, en los últimos años he trabajado personalmente con más de cien traders. Cada uno de ellos pudo usar mis patrones predecibles para obtener beneficios: todos y cada uno de ellos. Eso nunca ha supuesto un problema… PERO…

TODOS

Y

CADA

UNO…

… de ellos, frecuentemente muchas veces, barrieron sus beneficios en algún momento por no retirarse con una pequeña pérdida, siguiendo las normas y, en lugar de ello, aguantaron y esperaron una recuperación antes de vender; y ésta es la causa de que tantos traders intradía sean perdedores, incluso aquéllos con unas estrategias geniales. La capacidad de, fríamente y sin emociones, retirarse y perder dinero al nivel correcto resulta casi imposible a largo plazo.

Casi todos y cada uno de estos tipos pasó, en esos momentos, por un autosacrificio introspectivo y el autoinsulto, hablando de su falta de fibra moral y fortaleza, su «cobardía» y su debilidad. Esto es algo triste, porque la mayoría de esta gente es, de otro modo, noble, lo mires por donde lo mires. No son delincuentes, gente que rompa sus promesas, traficantes de droga, tramposos o cualquier otra etiqueta conocida que se pone a la gente que hace cosas malas que provocan daño a los demás. Son personas buenas, en esencia. Verles menospreciándose así es descorazonador.

Yo me lo he hecho a mí mismo algunas veces, y no lo describiría como algo sano.

Quiero explicar mi opinión plenamente cualificada sobre cada una de estas personas. Casi ninguna de ellas merece experimentar los insultos a los que se someten por sus errores. Se han visto arrastrados hacia la trampa que provoca esto. El mercado de valores te hace sentir así al hacer que cometas estas infracciones y haciéndote sentir como alguien que comete transgresiones. Y punto.

En realidad, sólo existe una solución que haya encontrado que evite esto, frustrando así al demonio en su objetivo de hacer que nos postremos de rodillas.

Esto implicaría que concibiéramos un trato, con otra persona, que constituya un respaldo concreto para asegurar que se coloque un *stop loss* en cada operación; y debe ser algo que implique una supervisión real en la que la persona que se ha comprometido pueda verificar, realmente, que lo hiciste *todas y cada una de las veces*, y que no hacerlo resulte en una penalización inequívoca por no cumplir con el trato o en una recompensa deseable por cumplirlo. Cualquiera de estas dos opciones es vital. Contar contigo mismo en el ardor del momento es casi imposible a lo largo de un período prolongado.

En una ocasión estaba operando con una cuenta conjunta con un amigo íntimo, con nuestro dinero implicado. No coloque un *stop loss* y esto dio como resultado unas reducciones de la cuenta que fueron catastróficas. Gracias a la suerte de la gracia divina de un dios o dioses invisibles de nuestro destino, el valor rebotó y se recuperó, evitando unas pérdidas devastadoras. Sí, hubo unas pérdidas muy dolorosas, de eso no cabe duda, pero entonces me hice la promesa solemne de que, si en alguna ocasión no imponía un *stop loss* en una operación, sería responsable de proporcionar grandes compensaciones de una cantidad material claramente especificada con anterioridad. Y así, habiendo implementado esto, en el momento en el que las ansias internas de aguantar y desear, en lugar de colocar un *stop loss*, se convierten en un sentimiento que todo lo abarca, la amenaza externa de lo que sucede cuando rompo esta promesa de colocar un *stop loss* es incluso más poderosa que la influencia del demonio del apostador interior. Coloco el *stop loss* siempre ahora (a no ser que el beneficio/pérdidas estén en verde al instante tras la compra y simplemente recaude un beneficio).

Cuando leas esto, puede que parezca que esté batallando contra múltiples voces y ruidos mentales, y que quizás necesite ayuda profesional…

¡Eso es otro tema! Y tanto si es cierto como si no, sigo sin haber conocido a ni siquiera un trader que no cayera también presa de esta ansia: el ansia de aferrarse a una posición perdedora y no venderla con la esperanza de que se recupere. Por lo tanto, a no ser que el 100 % de la gente sea «paranoide esquizoide» como yo, lo más probable es que sea simplemente humano, como tú, tentado hacia este estado por el poderoso mercado.

Por lo tanto, creo que tener una penalización tangible y nada deseable o una recompensa valiosa por cumplir con el trato (especificada claramente, y no generalizada) con una responsabilidad directa y clara específicamente por *no colocar un stop loss,* y no la penalización general por la transgresión general de «apostar» o «perder dinero», sino ESPECÍFICAMENTE por *no colocar un stop loss* en todas y cada una de las operaciones, sin excusas, con una supervisión diaria de cada operación, supone la única forma de ocuparse del inevitable escenario del quedar barrido por un descenso interminable en el precio de unas acciones mientras se está aferrado a una posición.

Me gustaría aportarte una idea de cómo podría funcionar esto.

Digamos que Bruce era un trader que quería triunfar y que comprendía que para hacerlo debía vencer a esta trampa. ¿Qué podía hacer? ¿Cómo podía inmunizarse contra esta enfermedad? Acude a su vecino, Leroy, y le dice:

—Hola, Leroy. Me vendría bien tu ayuda con algo, y te pagaría cien dólares mensuales por esto. Te llevará unos treinta segundos de trabajo por día.

—Te escucho —contesta Leroy.

—Quiero que me guardes estos quinientos dólares en metálico, y cada día te enviaré una captura de pantalla de las órdenes que he emitido para mi actividad de trading intradía. ¿Lo ves aquí? —Bruce le muestra a Leroy una de estas capturas de pantalla y señala la parte que muestra el tipo de orden, refiriéndose a si se trata de una *orden de mercado,* una *orden limitada,* un *stop loss,* o una *UCLO.*

—Estoy intentando mantener mi disciplina con el uso de los *stop loss* para prevenir grandes pérdidas, pero necesito algo de responsabilidad, de rendición de cuentas al respecto —dice Bruce, que continúa—: Si me monitorizas cada día durante un mes, verificando que he usado una UCLO o un *STOP LOSS* por cada orden de venta, te dejaré que te quedes cien dólares de esos quinientos; pero si ves una orden de venta que no tenga un *stop loss*, ya se trate de un *stop loss* dinámico o de una UCLO, podrás quedarte con los otros cuatrocientos.

—Me gusta este juego. ¿Hay algunas excepciones? —pregunta Leroy.

—Si. Hay una excepción. Si la venta se produce dentro de los siguientes 45 segundos de la compra, ya que entonces estaré fuera del límite por no usar un *stop loss* —contesta Bruce.

—¿Qué sucede si no me envías una captura de pantalla después de tus operaciones? —pregunta Leroy.

—Entonces tendrás que contactar conmigo y hacer que te la envíe —responde Bruce.

Entonces, Bruce envía orgulloso sus capturas de pantalla cada día, fanfarroneando de su respeto por los estándares. Los detalles de estas normas se comentan y se redactan en papel entre los dos. Este tipo de acuerdo es, realmente, el único método que conozco para garantizar que Bruce siga usando los *stop loss* y que, por tanto, haga que su éxito a largo plazo sea más probable.

He creído, erróneamente, en el método del *stop loss* mental como algo factible. Sé que hay algunos traders exitosos que lo hacen. Nunca he sido capaz de mantenerlo durante un período prolongado y, personalmente, no conozco a nadie que haya podido.

Lo que no ha funcionado es prometérselo a alguien, pero sin SUPERVISIÓN por parte de la persona a la que se lo has prometido; o prometerle a alguien que le pagarás después si no eres fiel a tu palabra. El amigo suele rendirse y se siente mal, y no hace que el transgresor le pague.

En otras palabras, el trato tiene que ser INDISCUTIBLE y MUY CONCRETO. Si crees que toda esta parte suena rara es que no has practicado el trading intradía durante demasiado tiempo.

Estoy fundando un Club de la Responsabilidad con compañeros traders. Te explicaré como estará estructurado. Digamos que diez traders quieren formar parte de él. El primer día del mes todos metemos cien dólares en un bote. Se nombra a un regulador para que verifique que cada participante ha colocado un *stop loss* en cada operación, ya se trate de un *stop on quote,* una UCLO o un *stop loss* dinámico. La única excepción es si venden dentro de los primeros 45 segundos, en cuyo caso una orden limitada o una orden de mercado están bien. Deben proporcionarse capturas de pantalla para demostrarlo. Cualquiera que no coloque un *stop loss* en cada operación queda eliminado y pierde su dinero. Al final, los que hayan cumplido con sus *stop loss* se reparten el dinero. Esto se repite cada mes, o incluso cada dos semanas, con el objetivo y el resultado probable de que todos los participantes acaben alcanzando una alta rentabilidad.

Éste es el objetivo final de esta lección: los *stop loss* y la responsabilidad, que es la única cura que conozco para el barrido de una cuenta que funciona realmente durante más de una semana o dos.

Formas raras de hacer las cosas.

La siguiente actitud ha supuesto una forma genial de evitar fastidiarla y perder montones de dinero. Va a sonar raro, tal y como he prometido en el título de esta sección, pero cuando me alejo de estas ideas y las cuestiono, fracaso y pierdo. Por lo tanto, aquí están.

En primer lugar, tenemos la actitud y la convicción de que soy inherentemente *desafortunado* por naturaleza y de que no tengo un toque mágico, y que la única forma de vencer a esta desgraciada verdad es mediante el uso de la inteligencia para aventajar a mi mala fortuna. Esta lección aprendida por las malas procede de haber perdido miles y miles de dólares yendo detrás de decisiones motivadas por la suerte, pensando que debía probar con algo que no se hubiese probado. Lamentablemente, estas apuestas no probadas funcionan a veces, y entonces me hago la idea de que soy, de hecho, «afortunado», que soy «el hombre», que tengo el «toque de Midas» Todas estas ideas es bonito sentirlas, y no creo que debiera negársele a nadie que las sienta, pero en este campo son suicidas. Por lo tanto, cada movimiento que efectúo debe estar respaldado por hechos y probabilidades demostrados y bien informados antes de llevarlo a cabo.

En segundo lugar, las corazonadas, la intuición, las sensaciones y las suposiciones son el alimento que engorda al cerdo antes de que lo sacrifiquen. Perdón por ser grosero y vulgar, pero es cierto. Me ciño a las normas del patrón descritas en este libro, ya que si no lo pagaré caro. Es así prácticamente siempre. Lo peor es esa única ocasión en la que transgredo las normas y la cosa funciona: me hace formularme la nueva idea de que mis normas no eran perfectamente ciertas, de que acabo de hacer un nuevo descubrimiento y que este descubrimiento ha sido innovador. Entonces vuelvo a intentarlo y me siento como si me arrancaran mis órganos internos cuando veo que mi dinero se evapora. Por lo tanto, ignora las corazonadas, las intuiciones, las sensaciones y las suposiciones.

En tercer lugar, muéstrate estúpidamente feliz por ganar una cantidad muy inferior a la que podrías haber ganado. Si me escucho a mí mismo diciéndome: «Si hubiera permanecido más tiempo podría haber ganado más dinero», generalmente necesito recordarme que esto es un disparate. Ayer, gané nueve mil dólares en un minuto y medio. Si hubiera permanecido con la operación, hubiera obtenido treinta mil dólares en cuatro minutos. ¿Cómo se supone que debía saber eso? No soy Nostradamus. Nueve mil dólares en un minuto y medio está fenomenal. Debería estar contento por eso. Este mercado de valores está diseñado para hacerte sentir que, al día siguiente, debes aguantar un poco más en tu posición, para ganar más a lo grande, pero acabas siendo destrozado. Ésta es otra razón por la cual sólo un pequeño porcentaje de la gente gana dinero con el trading intradía. Toma esas corazonadas, intuiciones y suposiciones y lánzalos al lavabo y tira de la cadena.

En resumen, cuando empleo los *stop loss* religiosamente y me considero inherentemente desafortunado y creo una responsabilidad real para seguir las normas, en realidad me va bastante bien. Cuando no lo hago y la seducción y la tentación de salirme del camino trillado son irresistibles y caigo presa de ellas, pierdo. Es muy fácil mirar hacia atrás y decir esto, por lo que te recomiendo que vuelvas a leerte este capítulo después de haber practicado el trading durante algunas semanas para conservar estas mentalidades en tu cabeza.

La estrategia de retirada y ahorro

La última parte de la estrategia a prueba de balas es la de retirar y ahorrar tus ganancias. Si sigues los pasos mencionados anteriormente, esperamos que tu cuenta crezca y crezca. Retirar y ahorrar tus ganancias hasta el punto en que hayas retirado por completo tu capital inicial de la cuenta de inversión te asegurará que, de hecho, te has puesto a prueba de balas, totalmente inmune a perder ni un centavo por culpa de cualquier artimaña del mercado. Sólo estarías jugando con los beneficios que, por supuesto, supone el plan ideal y es perfectamente posible.

No sólo yo he hecho esto, sino que se lo he visto hacer a otros. Ser metódico, retirar una cierta cantidad cada semana, mantener un diario, y sumarse a este enfoque sistemático y como el de un técnico que, aunque limita tu poder en el trading al eliminar fondos disponibles que puedes invertir, proporciona un mayor éxito a largo plazo. En el verano de 2022 hice justo eso. Empecé con exactamente 50 000 dólares en mi cuenta. Cada lunes, antes de iniciar mis operaciones, transfería cada dólar y centavo que superaran los 50 000 dólares en la cuenta de trading a mi cuenta bancaria personal y empezaba de cero. Frecuentemente, la cantidad era de alrededor de entre 2000 y 3000 dólares. Era una fuente de ingresos válida y sustanciosa que se abría camino hasta mi cuenta bancaria en lugar de permanecer vulnerable a las pérdidas en la cuenta de trading.

Hacer crecer nuestra cuenta personal no es ningún error. Si ésta es tu estrategia, entonces ve a por ella. También podemos hacer las dos cosas. Yo podría, por ejemplo, haber dejado mil dólares en la cuenta de trading cada lunes, incrementando lentamente la cantidad de base para operar en la Bolsa, dándome así más poder de inversión. De todas formas, opino que habiendo usado los tres métodos (hacer aumentar la cuenta de trading sin retirar nada, retirar todos los beneficios cada semana, o un híbrido entre los dos), la retirada regular de los beneficios era el método más sano y exitosos de todos.

El mercado de valores se aprovechará de cada debilidad que tengas si eres trader. Una de estas debilidades es, por supuesto, el MAPA (miedo a perderte algo). Si combinas el MAPA con el SSVUV (sólo se vive una vez), podrías muy bien irte despidiéndote de tu dinero. Cuando se aplica una estrategia y da como resultado un incremento impresionante del valor de la cuenta, el trader frecuentemente empezará a sentirse, con demasiada frecuencia, tanto invencible como osado. Esto dará lugar a que arriesgue todavía más capital, lo que no es una cosa mala *per se;* pero al practicar el trading, la retirada y el ahorro es, al final, la única estrategia a prueba de balas. Apartar el capital inicial para ponerlo fuera de peligro es la única verdadera forma de protegerlo.

En esencia, insisto enormemente y con entusiasmo en que si dispones de una estrategia vencedora que te está haciendo ganar dinero, mantén un diario para que así quede muy claro cómo están las cosas, y retira dinero sistemáticamente de tu cuenta de trading y guárdalo en un lugar seguro, tanto si se trata de un fondo mutuo de crecimiento lento, bonos del Tesoro, una cuenta de ahorros o donde sea que tu asesor financiero o tú hayáis decidido que constituye una inversión o un lugar seguro para el dinero. Reemplaza todo el capital inicial por beneficios y no dejes nada y, por supuesto, entonces te habrás puesto completamente a prueba de balas de verdad. Este capítulo es, en mi opinión, determinante en cuando al éxito o el fracaso de cualquier estrategia de alto riesgo para ganar dinero.

Ciertamente, hay personas ahí fuera que llevan a cabo una estrategia de trading intradía sin todo este asunto de la responsabilidad ligado a ellos y que están obteniendo beneficios. Por lo tanto, pido disculpas si parece que esté diciendo que esto es algo ABSOLUTAMENTE INDISPENSABLE. No lo estoy diciendo. Simplemente digo que es la única forma en la que puedo pensar que prácticamente GARANTIZA el resultado adecuado.

Espero que lo BORDES y que permanezcas a prueba de balas al entrar en el campo de batalla de los juegos de guerra del mercado de valores, armado con tu hacha y tu escudo de batalla del trader de 20 minutos.

CAPÍTULO 19

Actualización sobre el trading

El capítulo anterior probablemente haya sonado un poco extremado. Hay una buena razón para ello. Sucedió algo en junio de 2023, el mes pasado, que explica por qué me he vuelto diez veces más apasionado que nunca con colocar *stop loss* y ponerse a prueba de balas.

El martes 5 de junio, la cuenta que empezó el 15 de mayo del mismo año había crecido hasta los 875 913,70 dólares: un beneficio del 9,5 por 100 a lo largo de tan sólo tres semanas. Sí, me estaba sintiendo muy orgulloso. Ganar más de 75 000 dólares en tres semanas era, ciertamente, una experiencia nueva y de otro nivel para mí. Durante esta racha de tres semanas nunca fallé a la hora de retirarme en los puntos de pérdidas correctos, usando principalmente *stop loss* mentales o, en otras palabras, saliendo manualmente cuando estaba en números negativos. Usando esta gran cantidad de dinero y el hecho de que el dinero fuera en parte de un amigo, me hizo tener más responsabilidad para no ser descuidado ni asumir riesgos, y sí para ser muy estricto y ceñirme a las normas a la perfección.

Algo raro sucedió esa tarde del martes 6 de junio que me descolocó por completo. Recibí un mensaje acusador de una amiga que ella había enviado a varios amigos más y en el que me hacía parecer una mala persona. Me molestó principalmente porque parecía como si yo hubiera hecho cosas deshonestas a estos otros amigos, y resultaba plausible y parecía contar con pruebas que lo respaldaban. Tenía que ver con una inversión en la que algunas personas se implicaron, que todavía no había dado resultados, y yo también formaba parte de ella. Yo era una parte importante de ella. No estaba dando asesoramiento financiero, ya que no me está permitido, pero la gente se fijó en lo que yo hacía. Por pura coincidencia, algunos de estos mismos amigos habían sido víctimas de un timo que les había despojado de grandes sumas y, por supuesto, empezaron a preguntarse si la inversión en la que nos habíamos implicado también era una estafa. De hecho, tenía un aspecto parecido, lo que me preocupó profundamente.

Personalmente, no creo que «querer gustarle a la gente» de forma obsesiva sea algo muy honorable. Si uno puede superar ese deseo, podrá ser una mejor persona con una elevada integridad. Me esfuerzo por alcanzar este tipo de actitud tanto como puedo y, por supuesto, a veces me quedo corto. Independientemente de que sabía que estos amigos que recibieron este mensaje negativo sobre mí pensarían que yo era un embustero y un asco de persona, mi preocupación quizás tenía un poco que ver con querer gustarles y, además, querer conservar su amistad y confianza. Creo que la amistad es la recompensa de la vida. La valoro más que ninguna otra cosa. Me encantan las relaciones y adoro la camaradería. Ésa es la razón de que me encante la gente…, la mayoría de la gente.

Era ya demasiado tarde ese martes como para poder hacer algo al respecto, así que me fui a la cama. Apenas pude dormir esa noche y me desperté a las 03:30 h. Pasé el miércoles preocupado, intentando dar con una solución en mi cabeza. Al final me puse en pie y empecé a escribir un *e-mail* a todos los implicados, desmintiendo las acusaciones, intentando no ponerme a la defensiva y procurando no desacreditar a la amiga que había enviado el mensaje. Fue algo difícil de hacer. Me encontraba en un estado sensible. Oscilaba entre sentirme enfadado con ella e intentar entenderla. Al cabo de un par de horas de esto, estaba agotado. Había reescrito este *e-mail* de dos páginas diez veces, más o menos, y no sólo me sentía exhausto por haber dormido poco y por la adrenalina, sino que, además, seguía igual de preocupado que cuando vi el mensaje la noche anterior. Fue en este estado tenso y cansado en el que entré en el mercado la mañana del miércoles 7 de junio.

Mi primera operación fue a las 09:33:21. Vendí a las 09:34:21, exactamente un minuto después, con un beneficio de 2500 dólares, haciendo que mi cuenta prácticamente alcanzara los 880 000 dólares. Sin embargo, no estaba satisfecho con esta cantidad, y quería más. Por lo tanto, llevé a cabo otra operación a las 09:35:15. Ésta no dio como resultado una subida del precio de las acciones, sino que cayeron y borraron el beneficio de 2500 dólares que acababa de conseguir. Analicé rápidamente el punto de compra que había elegido y me di cuenta de que, de hecho, carecía de uno o dos de los criterios que uso para determinar una buena señal. Debería, simplemente, haberme retirado en ese momento y reducir mis pérdidas. En lugar de ello, aguanté y busqué la recuperación de los beneficios perdidos. Las acciones se desplomaron tanto que las cifras negativas eran de decenas de miles de dólares. Muchas decenas. Para cuando finalicé la operación había perdido 67 000 dólares de mi cuenta, que ahora tenía un valor de unos 810 000 dólares. Mi beneficio de casi 80 000 dólares quedó barrido y descendió hasta ser de sólo 10 000 dólares.

La verdad del asunto es que esta cifra fue incluso peor en algún momento. Seguí aguantando hasta que la pérdida se redujo y fue de «sólo» 67 000 dólares; pero eso fue pura suerte, puro riesgo. Las siguientes jornadas de trading no fueron mucho mejores. Estaba descentrado e intenté recuperar las pérdidas en lugar de, simplemente, aceptar unos pequeños beneficios. Al hacerlo, aguanté mientras debí haber vendido mientras estaba en cifras positivas, e hice caer el valor de la cuenta hasta los 756 228,85 dólares: unos 44 000 dólares negativos con respecto a nuestro capital inicial.

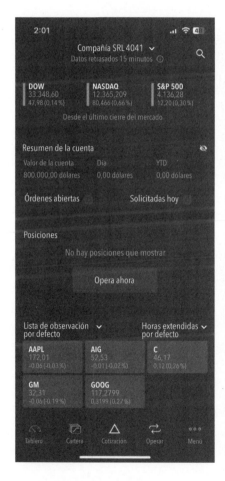

FIGURA 19.1 15 de mayo   **FIGURA 19.2** 31 de julio

Uno de mis amigos me llamó, sabiendo exactamente por lo que estaba pasando, especialmente porque publicaba todas mis operaciones de inmediato y con transparencia.

—Hola, Jeremy, quiero decirte algo que oí decir a un tipo una vez y que creo que se aplica en tu caso –me dijo.

—¿Sí? –le pregunté.

—Deja de intentar recuperarlo todo con una única operación –me dijo.

Dio en el clavo. Tenía toda la razón. Volví a hacer lo que estaba haciendo antes y aspiré a conseguir un poco de cifras positivas diarias. También mantuve mis *stop loss* sin excepción. Hice un trato con mi socio inversor por el que siempre sería así, e incluí la vigilancia y penalizaciones severas y recompensas por el cumplimiento. Hoy, al final de julio, con una ganancia diaria media de sólo 5700 dólares, el valor de la cuenta es de 940 952,25. Y esto incluyó varios días en los que me vi retirado de una operación por los *stop loss*.

Ésta es la razón por la cual me volví tan apasionado con los *stop loss* y la responsabilidad: porque funcionó para mí tremendamente bien. También tenemos esa pequeña perla de no intentar recuperarlo todo con una única operación.

CAPÍTULO 20

¿Qué debería hacer ahora?

Sé que te he ametrallado con mucha información. Ahora ha llegado el momento de resumirla y proporcionarte las instrucciones detalladas sobre qué hacer a continuación.

«¿Por qué no me he saltado todo lo anterior hasta llegar a esta parte? ¿He tenido que sentarme y leerlo todo hasta llegar aquí?».

Estoy seguro de que, como resultado de ello, te irá mejor. Una cosa es conocer los pasos de algo, y otra cosa bastante distinta es comprenderlos. Ahora los comprendes, o es de esperar que así sea. Por lo tanto, mientras expongo los pasos, deberías disponer de una mejor idea sobre qué hacer basándote en una mejor comprensión.

Expondré esto paso a paso como si nunca hubieras hecho nada y nunca hubieras practicado el trading antes. Al llevar a cabo cada uno de estos pasos, consulta el capítulo que te proporciona más detalles sobre cada uno de ellos.

Paso 1

Inscríbete y obtén una cuenta de trading.

Mientras te inscribes en esta cuenta, asegúrate de lo siguiente:

Solicita una cuenta de caja (de efectivo), y no una de margen.

Solicita un trading de opciones de nivel II.

Solicita una cuenta para practicar el trading sobre el papel (trading simulado).

Si cualquiera de las condiciones anteriores no se ve satisfecha, quizás no puedas emplear este sistema. Un pequeño consejo: si mientras estas inscribiéndote en este contrato te preguntan cuál es tu intención y dices «ingresos», probablemente se negarán a concederte la cuenta. Hay otra opción que contiene la palabra «especulación». Ésta es la que elegí.

En relación a todas las preguntas efectuadas y las casillas que marcar, sé honesto, y si la pregunta es complicada, hazlo lo mejor que puedas.

Paso 2

Inscríbete en la membresía prémium en TradingView usando este enlace para conseguir los máximos ahorros para ti: www.tradingview.com/?aff_id=26705

Debe tratarse de la membresía prémium, o no obtendrás las gráficas de un segundo. Lamento que ésta sea la opción más cara que se ofrece. Desearía que no lo fuese, pero es la que necesitamos.

Paso 3

Configura las gráficas (si deseas la configuración de la gráfica con un solo clic o necesitas ayuda para hacer esto en algún momento, simplemente acude a mi página web, clica el recuadro de chat y alguien podrá ayudarte de inmediato).

De otro modo, puedes retroceder hasta el capítulo 10 y seguir exactamente los pasos enumerados ahí.

Paso 4

Elige un símbolo de un valor.

Piensa en una gran compañía que te guste. Yo evitaría a cualquier compañía malvada que de verdad dañe a la gente y gane dinero en el proceso. De alguna forma creo en el karma, que podría incluir a algunas compañías productoras de ciertos fármacos o pesticidas.

Emplea tu buscador para encontrar el símbolo del valor.

Introduce el símbolo del valor en tus gráficas de TradingView clicando en el teletipo existente y luego tecleando el que deseas.

Lleva tu cursor a la parte inferior de la gráfica y clica en el botón de «5 años».

Si el valor tiene un buen aspecto, con un crecimiento regular a lo largo de estos años, debería estar bien.

Paso 5

Regresa al marco de tiempo de un segundo. Acude a la apertura del mercado (09:30 h en la hora de la Costa Este de EE. UU.). Examina el período de tiempo de los siguientes veinte minutos en busca de la forma de «U», que debería repetirse varias veces. Suelen durar entre un minuto y unos pocos minutos entre su caída y su ascenso.

Toma notas detalladas de los movimientos del índice Dow Jones justo antes de la subida (durante la parte inferior de la «U»), como un movimiento divergente que parezca haber inspirado el ascenso subsiguiente de las acciones. Toma unas notas precisas sobre esto. Al inspeccionar cada una de las formas de «U», toma las mismas notas.

Repite esta acción cada día hasta que hayas determinado cuál es el movimiento del Dow Jones que parezca predecir un incremento del precio de tu valor.

Si no parece haber una correlación entre los movimientos del Dow Jones y los movimientos subsiguientes del valor, escoge otro índice (como el S&P 500 o el NASDAQ), y repite los pasos anteriores. Si sigue sin haber una relación, elige otro valor.

Haz esto durante hasta cuatro semanas hasta que dispongas de suficiente información para llegar a una conclusión sobre cuál es el predictor. Recomiendo encarecidamente no emplear a un «experto» ni a «un par de ojos más» para que te ayude en esto: emplea tus propias observaciones y conclusiones.

Anota los detalles específicos sobre las duraciones y las magnitudes. Enumera las normas, que podrían consistir en algo como: «El Dow Jones asciende a veces veinte puntos justo antes de que las acciones suban, después de la sincronización de las dos líneas durante quince segundos, y éste parece ser el predictor».

Paso 6

Practica el trading sobre el papel (simulado) con el patrón de normas que has adoptado. Esto significa que usarás dinero simulado en lugar de dinero de verdad, pero en el mercado real. Esto te permitirá probar una estrategia sin tener que perder dinero de verdad al hacerlo.

Cuando entres en tu cuenta, asegúrate de encontrarte en la configuración de trading sobre el papel en lugar de en la de trading real.

Ve a la página de operaciones y selecciona Opciones de compra.

Elige una fecha de vencimiento que no sea la de hoy, pero tampoco dentro de dos semanas: un término intermedio.

Selecciona un precio de ejercicio que haga que el precio de tu contrato se encuentre en el rango que desees.

Cambia el tipo de orden de una limitada a una de mercado.

Estate atento a la señal de compra.

Cuando veas la señal de compra, «adquiere» la opción de compra.

Ve a tus posiciones y comprueba que tienes este valor en tu cartera de inversión.

Observa las gráficas del precio de las acciones del valor para detectar su ascenso.

Cuando suba, liquida la posición a cambio de un beneficio pulsando en la posición y clicando en «cerrar», cambiando el tipo de orden a una *de mercado*, y luego pulsando *vista previa* y después *enviar*.

Si su precio desciende, espera para ver hasta qué punto, y toma nota. Puede que vuelva a ascender. Si no lo hace y sigue cayendo, liquida la posición y toma nota de cuánto has perdido.

Toma nota de cuánto ha descendido el valor para que hayas perdido la cantidad que has perdido.

Después de haber practicado el trading sobre el papel algunas docenas de veces, y anotando los beneficios y las pérdidas, elige tu estrategia de salida con precisión. Esto significa que a una cierta caída del valor uno debería retirarse. Este punto de salida debería seguir siendo una norma estricta para el trading futuro.

Pon a prueba estas normas a lo largo de la próxima semana, llevando a cabo entre una y cuatro operaciones por período de veinte minutos.

Si es rentable, ya tienes tu sistema. Si no es así, quizás necesites adaptar tu objetivo de toma de beneficios o tus niveles de salida para ajustarlos para mitigar las pérdidas u obtener más beneficios.

Puede que, por ejemplo, te des cuenta de que los valores siempre suben más allá del nivel en el que cosechaste tus beneficios y que esperar un poco más para obtener un mayor beneficio es un mejor sistema. O puede que veas que estás retirándote de una pérdida demasiado pronto, no permitiéndole al precio de las acciones algo de espacio para respirar y caer un poco antes de que se dé un ascenso.

Estos análisis son vitales para ultimar tu estrategia.

Una vez que la hayas ultimado, CÍÑETE A ELLA.

Paso 7
Redacta tu plan para retirar y ahorrar dinero cuando estés obteniendo beneficios. ¿Qué cantidad retirarás y cuándo para recuperar el capital inicial?

En resumen
Éstas son las formas sencillas y paso a paso de usar un patrón predecible para, con suerte, obtener beneficios en el mercado.

CAPÍTULO 21

¿Es el trading de 20 minutos realmente así de fácil?

Voy a compartir una versión en mayor profundidad de la historia del descubrimiento, de modo que puedas ver los obstáculos con los que tropecé, qué oportunidades se presentaron y qué errores enormes cometí o qué buenas elecciones hice a lo largo del camino.

¿Por qué iba a querer compartir esto?

Porque creo que la gente piensa que he tenido suerte con esto y porque hago que parezca fácil; pero no fue fácil y, de hecho, soy inherentemente desafortunado. Pude burlar a mi mala suerte mientras cometía errores garrafales a lo largo del camino: errores que no quiero que tú cometas.

Yo trabajaba para una organización sin ánimo de lucro a la que la gente podía acudir para trabajar como voluntaria y aprender a ayudar a los demás, ya fuera en temas relacionados con la alfabetización, las relaciones, el abuso de sustancias o cualquier otro factor que tuviera que ver con la vida.

Tuve la oportunidad de encontrarme con personas de muchas condiciones sociales y llegar a conocerlas de verdad. Gente humilde, miembros de pandillas, drogadictos, personas ricas, extranjeros, indigentes, educadores, empresarios, abogados, médicos, actores (famosos y no famosos), directores, escritores, artistas, oficinistas, gerentes, obreros, administrativos, gente vestida de punta en blanco, gente con la ropa sucia, religiosos. Conocí a personas con tendencias suicidas, gente deprimida, asustadiza, feliz, discapacitada, tranquila, superdotada, atletas profesionales, homosexuales, heterosexuales, lesbianas, racistas, antirracistas, delincuentes, homófobos, activistas, antihomófobos, filántropos, avariciosos, generosos, gordos, flacos, altos, bajos, moribundos, jóvenes, ancianos, de cualquier etnia que puedas imaginar, de muchas culturas y religiones. Sijs, judíos, musulmanes, de la Nación del Islam, cristianos, hindúes, etc.

Conocí a varios miles de personas y mantuve muchas conversaciones con cada una de ellas. No sólo encontrarnos y saludarnos, sino una verdadera amistad en muchos casos. Al estar completamente en contra de algunas cosas, como el racismo, no trabé necesariamente amistad con cada persona a la que conocí, pero sí que intenté comprender. De forma fascinante, si estás interesado en alguien de verdad, te lo explicará prácticamente todo y generalmente con bastante entusiasmo.

¿Cómo te sentirías si alguien estuviese muy interesado por tu vida y quisiera saberlo todo sobre ella? La gente reacciona, por mi experiencia, de forma bastante abierta, y parece ser que te lo cuenta prácticamente todo.

Bueno, yo estoy muy interesado en otras personas, y también me preocupa mucho que a la gente le vaya bien y triunfe. Así, mientras aprendía cosas sobre la vida de Joe y averiguaba qué es lo que hacía que fuera exitoso o infructuoso, intentaba ayudar a Bob con lo que había aprendido si los mismos escenarios con los que se había encontrado Joe se presentaban en la vida de Bob. Podía explicarle a Bob por lo que había pasado Joe y, con suerte, añadir eso a su conjunto de conocimientos para que sacara conclusiones y tomara decisiones a partir de ello. Ésta ha sido una afición continua durante toda mi vida. Como resultado de ello, incluso he presentado a parejas que ahora llevan años casadas (unas ocho parejas), he ayudado a personas a hacer crecer sus negocios, he salvado relaciones, he reparado cosas con sus hijos, y he vivido todos tipo de sucesos divertidos. También la he fastidiado en mis intentos por ayudar a los demás y di consejos nefastos, le expliqué a la gente relatos inconvenientes que no la ayudaron en absoluto o, en algunos casos, empeoré las cosas.

Tal y como he dicho anteriormente, tenía una opinión negativa sobre el campo del trading intradía. No me parecía un trabajo honesto que proporcionara un servicio al mundo, y no me parecía distinto a las apuestas. Por lo tanto, y por puros principios morales, estaba en contra de ello. Incluso advertí a mis familiares, hablándoles de los nueve traders intradía a los que conocía, todos los cuales, excepto uno, no eran gente sana ni espiritual ni físicamente, en mi opinión.

Con cuarenta y dos años, y habiendo dedicado veintidós años de mi vida que podría haber destinado a acumular riqueza a, básicamente, trabajar como voluntario para ayudar a otros por un salario exiguo, tenía prisa por ponerme a la altura, económicamente hablando. Eso no significa que me pareciera bien renunciar a mis principios, pero mi mujer tenía treinta y cuatro años y su reloj biológico estaba apremiándola.

«Es ahora o nunca si queremos formar una familia –me dijo–, pero no quiero tener que estar pasando dificultades y criando a nuestros hijos al mismo tiempo».

Me había mudado a una habitación que le sobraba a mi hermano en un apartamento en Pasadena (California). Él acababa de ganar bastante dinero con unas acciones de Tesla y se estaba tomando unas pequeñas vacaciones del trabajo, disfrutando durante un rato de su libertad económica.

Fue divertido estrechar mis vínculos con él después de vivir lejos el uno de otro durante un par de décadas. Hablamos mucho del mundo y de los tipos de cosas que yo podía hacer. Estaba pensando en regresar a la actuación.

Tenía nueve años en 1987, y la madre de un actor bastante famoso me «descubrió». Le explicó a mi madre que yo lo bordaría en ese sector. Esta madre llamó a la agencia que representaba a su hijo y les pidió que se reunieran conmigo y que habláramos sobre mi contratación. Recuerdo haber ido a una oficina y estar sentado en una sala de espera. A continuación, me llamaron para que fuera a una oficina. Una mujer me entregó un folio y me pidió que lo leyera en voz alta y lo interpretara.

He olvidado mencionar que era tan increíblemente bajito que parecía que tuviera cinco años. Medía 1,07 metros y pesaba dieciocho kilos. Sin embargo, mi nivel de lectura era como el de un niño de once años. Por lo tanto y, honestamente, me parecía a ese bebé de la película *¿Quién engañó a Roger Rabbit?* Esa película se burlaba de la industria del cine, y una cosa por la que el sector de las películas es conocido es por contratar a niños mayores para que interpreten el papel de niños pequeños por la obvia razón que son mejores a la hora de aceptar y seguir indicaciones y, además, les está permitido, legalmente, trabajar durante más horas. Algunos de nosotros, pertenecientes a la generación X, o las personas de mayor edad, recordamos la serie *Webster,* en la que la estrella era Emmanuel Lewis. No sólo no era un niño, sino que era adolescente, pero tenía algún tipo de defecto genético que hacía que fuera muy bajito.

Ahí estaba yo, con nueve años, con el nivel de lectura de un niño de once años y con el aspecto de un niño de cinco años. Después de leerles el papel, me contrataron en ocho segundos. Ésta tampoco era una agencia genérica. Estos tipos representaban a algunos grandes niños actores en esa época. Creo que eran los representantes de Kirk Cameron y de Fred Savage, que eran dos de los principales niños actores en esos tiempos.

Dos días después de haber empezado con esta agencia, me enviaron a una prueba. Mi madre me llevó a una oficina en Hollywood. Entramos, escribí mi nombre en una tabla portapapeles y me senté. Ahí sentados, en la sala de espera, había un puñado de niños revoltosos y sus madres. Digo «revoltosos» porque yo era el niño de mayor edad ahí. El papel era para un niño de seis años, y la mayoría de esos chicos tenían seis años y eran más revoltosos que nosotros, los niños de nueve años.

Nos llamaron en grupos de cuatro de cada vez, y formamos una fila frente a una alfombra. Resulta que esperaban que fuéramos expertos gimnastas. Los cuatro niños que había delante de mí empezaron a turnarse para decir sus nombres y su edad, y luego llevaron a cabo unas volteretas y saltos mortales fantásticos sobre la alfombra. No podía creerme que los niños de seis años pudieran hacer estas cosas. Para cuando me llegó el turno, les dije que podía hacer una pirueta de lado y poco más. Hice la pirueta de lado, les encantó y me volvieron a llamar. Al final la cosa estuvo entre otro niño y yo, y fue el otro chico el que consiguió el papel porque estaban buscando a un niño rubio para así tener un buen emparejamiento con los padres que habían elegido. Era para un anuncio de los cereales de desayuno Crispix.

No me molestó no conseguir el papel, especialmente porque en las siguientes veinticinco pruebas conseguí que me contrataran para cinco anuncios importantes y lucrativos y empecé a desarrollar un currículum decente. A lo largo de los siguientes años hice entre quince y veinte anuncios, un par de episodios de series televisivas, algunos vídeos musicales y una película para la televisión en la que salía Paul Rudd (creo que él tenía dieciséis años cuando la filmamos, y era un tipo realmente genial, por cierto).

Después de mi primer contrato comercial, me convertí en miembro del sindicato de actores y conservé la membresía durante el resto de mi vida adulta, hasta ahora. Cuando tenía catorce años dejé el mundo de la actuación porque me mostraba tímido y era infeliz con que la gente se acercara a mí y me preguntara si era «el niño del anuncio de los cereales de desayuno Apple Jacks».

Técnicamente hablando, yo era el niño que salía en el anuncio de los cereales Apple Jacks, pero no pensaba en mí mismo como en el chico de los Apple Jacks. Pensaba en mí mismo simplemente como un chaval que no quería recibir nada de atención extra. Seguía pareciendo que tenía diez años, pero mi voz había cambiado y era grave. Un niño de diez años con una voz grave. Era algo raro.

Cuando estaba con mi hermano en su apartamento de Pasadena, en 2019, le dije que estaba pensando en volver a intentarlo en el mundo de la actuación. Llamé a mi antiguo agente de la década de 1990 y le pregunté si podía ir a verle. Me recordó y, de hecho, lo recordaba todo sobre mí. Sabía los nombres de mis familiares y me preguntó por ellos. No le había visto en treinta años, y fue divertido ponernos al día. Aunque fue muy alentador, me expuso las probabilidades de éxito en el sector, y eran muy descorazonadoras. ¡Era algo tan fácil cuando era niño! Gané un montón de dinero en aquella época, pero el panorama era diferente ahora, y lo que hacía falta para conseguirlo se había convertido en una locura. Le pregunté si sería mi representante, y me dijo que se iba a jubilar y que no iba a poder, pero que si no le hubiera encantado.

«En la actualidad debes disponer de metraje de tu trabajo que mostrarle a los directores de *casting*. Escenas que muestren tus distintas habilidades, y es mejor si proceden de producciones reales, en lugar de cosas que hayas filmado y preparado tú mismo…, aunque eso es mejor que nada», dijo.

No creía que ésta fuera a ser una opción ganadora para mí. Regresé a casa de mi hermano y pensé en otras formas de ganarme bien la vida de forma viable. Tenía unas habilidades decentes como carpintero, por lo que acepté un par de empleos construyendo vallas y verjas para casas lujosas. Pagaban bien y era divertido, y pensé en trabajar en esto. Lo anoté en mi lista.

Tal y como he dicho antes, al ser un artista con una semicualificación con respecto a mis habilidades (dibujos a lápiz), conseguí algunos encargos para dibujar cosas. Esto también era divertido, y lo añadí a mi lista de posibilidades como negocio. También empecé a escribir la obra sobre hablar en público de la que he hablado antes en este libro, porque cuando estaba trabajando para la organización sin ánimo de lucro, acabé con este empleo al azar de formar a novatos para que fueran capaces de dar charlas. Había descubierto una forma de éxito seguro para eliminar el miedo escénico en el proceso. También gané alguna distinción local por mis habilidades dando charlas, que eran increíblemente malas al principio, pero que mejoraron con el tiempo.

Mientras todo esto estaba sucediendo, seguía comiendo y pagándome la gasolina empleando el poco crédito que me quedaba en mis tarjetas, ignorando cuidadosamente el nivel de gravedad de mi deuda creciente.

Mi hermano estaba operando con opciones en el mercado de valores cada mañana.

—¿Sabes? No creo, realmente, que esa actividad merezca la pena en este mundo –le dije.

—A mí me gusta –me contestó.

Filosofamos sobre los aspectos positivos y negativos del trading. Mientras lo hacíamos, me acordé de Tina, una amiga mía que era oficinista en una compañía de paisajismo en Los Ángeles. En una ocasión me dijo que tenía una deuda de 60 000 dólares. Tenía a su hijo pequeño, Trevor, que tenía unos tres años, entre sus brazos.

—¿Tienes un compañero que te ayude con las facturas? –le pregunté.

—No. Soy madre soltera.

Era una especie de esclava del sistema. Necesitaba su trabajo a jornada completa o viviría en el infierno.

Conocí a unas mil Tinas durante esas décadas: buenas personas que ganaban muy poco dinero. También conocí a algunos traders que ganaban mucho más dinero que Tina.

Me acabó quedando claro que los sueldos son lo suficientemente bajos para mantenerte teniendo deudas, de modo que pagues los intereses de las tarjetas de crédito y apenas llegues a fin de mes, pero nunca salgas adelante de verdad lo suficiente como para disponer de libertad con respecto a tu tiempo. Y aun así tenemos el trabajo de la buena gente que mantiene las tiendas abiertas, las empresas en funcionamiento, las escuelas y los servicios en marcha, de los que todos disfrutamos y que hacen que nuestra vida sea mejor. Parece injusto que aquellos que hacen que el mundo avance no puedan disfrutar de los frutos que puede aportar el dinero. Mientras tanto, estos traders que no aportan nada a este mundo pueden ser pagados como si fuesen valiosos para los demás, cuando la mayoría de ellos no lo son. Técnicamente, si equilibrábamos las cuentas, Tina no poseía prácticamente nada.

Mientras recordaba todo esto, sentado con Kris en Pasadena, me parecía que cualquier trayectoria profesional que escogiera acabaría haciendo que me endeudara y trabajando para otro. Kris me dijo que me mostraría cómo funcionaban las opciones. Miré por encima de su hombro mientras se sentaba sobre su sofá marrón de piel y examinaba montones de símbolos y cifras en su ordenador portátil. Nada de ello tenía sentido para mí.

Sentado a mi lado me preguntó:

—¿Qué acciones crees que van a subir de precio hoy?

—Hummm… Tesla –respondí, ya que era una de las pocas acciones de las que había oído hablar.

—De acuerdo. Compremos algunas opciones de compra de Tesla y veamos qué sucede –dijo.

Pagó trescientos dólares por algunas opciones de compra de Tesla. Hacia el final del día valían seiscientos dólares y las vendió. Las acciones se habían disparado varios dólares esa mañana. Yo estaba bastante fascinado. Empezó a hablarme de las cuentas de resultados trimestrales de las compañías tecnológicas y de otras pequeñas características del mercado.

—¿Qué son las cuentas de resultados trimestrales? –pregunté.

—Los anuncios, por parte de las compañías que cotizan en Bolsa, sobre cuánto dinero han ganado durante un trimestre. Los precios de las acciones de las compañías tienden a sufrir movimientos importantes con las cuentas de resultados trimestrales. La gente tiene unas expectativas con respecto a las ganancias de esa compañía. Si superan a las expectativas, el precio de las acciones tiende a dispararse. Si son inferiores a las expectativas, el precio de las acciones tiende a caer –me dijo mi hermano.

La parte divertida es que no consiste tanto en si la cantidad real de dinero ganado por la compañía está subiendo o bajando en comparación con sus niveles anteriores, sino que es más una cuestión de si supera o no logra superar las expectativas. No supe ni comprendí esto hasta más adelante.

Algunos días después de eso de las opciones de compra de Tesla con Kris, averigüé que la compañía alimentaria Beyond Meat estaba a punto de presentar su cuenta de resultados trimestrales. Pensé que, si dicha cuenta de resultados trimestrales mostraba un incremento de la productividad en comparación con el trimestre anterior, esto provocaría que el precio de sus acciones subiera. Recordé que Beyond Meat había cerrado tratos con restaurantes y supermercados para ofrecer sus productos en volúmenes enormes. Estaba seguro de que la cuenta de resultados trimestrales mostraría un incremento increíble. Decidí que se trataba de una apuesta fácil. Por lo tanto, saqué mil dólares de mi cuenta bancaria, lo que suponía una parte importante de mi patrimonio total, y adquirí una opción de compra de la compañía Beyond Meat un día antes de su cuenta de resultados trimestrales.

Pensé que estaba siendo listo. Me senté en un taburete en el cuarto de estar de Kris, pensando en lo fácil que era ganar dinero haciendo esto. Miré las noticias financieras mientras anunciaban que Beyond Meat había generado unas diez veces los ingresos del trimestre anterior. ¡Una expansión de locos! Estaba muy emocionado. Vi cómo el precio de las acciones de Beyond Meat empezaba a moverse. Parecía como el pequeño contoneo de un bebé que estuviera esperando a que su madre le abriera la puerta de la tienda de juguetes. Estaba a punto de despegar e imprimir dinero para mí.

Igual que si fuera una pelota de plomo lanzada a una piscina, el precio de las acciones cayó. Vi cómo el valor de mi contrato de opción de compra bajaba de los mil dólares a los ochocientos, y a los seiscientos, y a los cuatrocientos en el transcurso de cuatro minutos.

Un mes antes, fui al hogar de una pareja rica que tenía dos perros encantadores en su propiedad que tenían que retener en el patio trasero, de modo que cuando pasaran coches por el camino de acceso estuvieran a salvo y no se escaparan hacia la calle.

Me contrataron para construir una verja que concordara con el estilo de su casa. Debía ser muy resistente, al tiempo que sencilla y estética. Empleé madera de secuoya para que hiciera juego con el entablado que rodeaba su casa. En lugar de usar tuercas y tornillos, usé ensamblajes de caja y espiga para construir toda la verja, elaborando a mano cada elemento con un escoplo. Fueron doce horas de trabajo para una verja antes de montarla sobre unas bisagras.

Esa parte del proyecto me reportó ochocientos dólares.

Mientras veía cómo los ochocientos dólares ganados por ese trabajo se evaporaban justo delante de mi cara, pensé en el meticuloso cuidado que había dedicado a este proyecto de carpintería, la gozosa sensación que había sentido cuando las piezas talladas una a una encajaron para dar lugar a una verja sólida y hermosa, las expresiones de felicidad que mostraron mis clientes cuando vieron el resultado final, y el orgullo que sentí cuando me entregaron el cheque.

En cuatro minutos, todo ese trabajo duro y digno de orgullo resultó inútil. Doce horas de trabajo se habían esfumado en un abrir y cerrar de ojos.

—¿Por qué ha caído el precio de las acciones si las ganancias han sido tan escandalosamente altas? –le pregunté a mi hermano, en un tono de voz tembloroso por la conmoción y los ojos llorosos.

—En realidad no lo sé. Tengo un amigo que es un experto en todo esto. Le llamaré.

Treinta segundos después, oí la voz de un tipo llamado Frank por el altavoz del teléfono.

—¿Hola? –dijo Frank.

—Hola, ¿cómo es posible que el precio de las acciones de Beyond Meat se desplomara después de decuplicar las cifras de su anterior cuenta de resultados trimestrales? –preguntó Kris.

—Porque Wall Street esperaba que multiplicara sus beneficios por veinte, y multiplicarlos por diez se quedó muy corto.

Me metí en la conversación.

—Espera…, ¿así que incluso aunque la compañía aumentó de tamaño diez veces en un trimestre, los analistas esperaban que creciera veinte veces y quedaron disgustados por la multiplicación por diez de los resultados? –pregunté.

—Básicamente –dijo.

Éste era un concepto nuevo para mí. En mi mundo, la producción de una persona le aporta un valor relativo. Si Sharon podía vender más artilugios que Brian, le pagarían más que a Brian. Lo que le oí decir a Frank es que en Wall Street hay otro estrato. Si apostaba a que Brian iba a vender cinco artilugios y que Sharon iba a vender diez, pero Brian vendía seis y Sharon nueve, el valor de Brian subiría y el de Sharon bajaría, pese a que Sharon vendiera más que Brian, simplemente debido a las estimaciones.

Resulta que las estimaciones son unas cifras INCREÍBLEMENTE importantes en Wall Street.

Mientras aprendía esta lección según me desangraba debido a la herida infligida por Beyond Meat, decidí aferrarme al contrato y ver si, quizás, el precio de las acciones volvía a subir y se recuperaba un poco. Al contrato todavía le quedaban dos días hasta su fecha de vencimiento. El precio de las acciones se movió hacia arriba y hacia abajo, pero principalmente hacia abajo a lo largo de los dos días siguientes.

El valor de mi contrato de mil dólares había bajado ahora hasta los cinco dólares. Finalmente, ese viernes, a las 12:59 h, quedaba un minuto hasta que el contrato venciera. El precio de ejercicio que había elegido era ahora mucho más alto que el precio de las acciones en ese momento. La probabilidad de que el precio de las acciones diera un salto hacia arriba (subiendo muchos dólares) y alcanzara este precio de ejercicio en el último minuto era cercana a cero.

Mi hermano estaba sentado en su sofá y yo estaba de pie, al lado de la encimera de la cocina.

—La opción está a punto de vencer y sólo vale cinco dólares ahora –dije.

—¿Cuánto tiempo le queda? –preguntó Kris.

—Veinticinco segundos hasta que el mercado cierre. ¿Debería, por lo menos, intentar venderla y recuperar cinco dólares? ¿Quién narices la compraría? –pregunté.

—Sí, inténtalo –dijo Kris.

Emití una orden de venta por cinco dólares por este contrato. Dos segundos antes del campanazo de cierre de la sesión, alguien me compró el contrato por cinco dólares.

—¡Alguien la ha comprado! –dije.

—¿Qué? –dijo Kris.

—¿En qué narices estaba pensando este tipo? –pregunté.

Con el tono de voz agudo de un tipo empollón, imitando a quienquiera que fuera que me había comprado el contrato, Kris dijo:

—Creo que el precio de las acciones va a dar un salto en los próximos segundos. Toma, cinco dólares.

A lo largo de los siguientes minutos, Kris y yo nos reímos, con múltiples imitaciones de este tipo que me acababa de dar cinco dólares por ninguna razón en absoluto y ningún valor a cambio, con un par de segundos hasta el vencimiento. Nos dolía el vientre de tanto reír.

Fue un júbilo bienvenido por la quemazón de la pérdida.

Después de recuperarnos de nuestras risas, me di cuenta, claramente, de que la principal realidad y la más obvia sobre el mercado de valores es que es IMPREDECIBLE.

Llamé a Frank:

—Oye tío, ¿cómo sabemos en qué dirección se va a mover un valor?

—Eso es básicamente imposible saberlo. Hay cosas que son más probables que otras, pero no hay certezas en ningún aspecto ni en ningún momento sobre nada –dijo.

El mercado de valores me había despojado, sin ninguna compasión, del dinero que tanto me había costado ganar. Me sentí atracado, maltratado y como si se hubieran aprovechado de mí.

No podía perdonar a Wall Street por atracarme. Acabé mirando gráficas.

Si el consenso era que, simplemente, nunca iba a ser predecible, ni siquiera quería saber lo que esta gente sabía. No quería oír hablar de ninguna estrategia, sistema ni de nada que nadie pretendiera saber, porque ahora me encontraba en un lugar en el que la idea era el fracaso. No difería del punto de vista de mi antiguo agente de actores sobre el éxito potencial en la actuación en esta época.

«El fracaso es el principal resultado» era el eslogan que seguía oyendo sobre el trading.

Temía oír lo que otras personas estaban haciendo porque todo se basaba en la premisa de que era imposible.

Me recordaba a la época en el instituto en la que triunfé en el baloncesto, pese mi corta estatura. La idea es que cuando oigo que algo es imposible, frecuentemente me siento inspirado a descifrar el código.

A estas alturas habíamos llegado a noviembre de 2019 y, tal y como he dicho, mire gráficas de valores intentando averiguar cómo saber en qué dirección irían sin preguntar a nadie. Al cabo de un mes, empecé a darme cuenta de que cada mañana, durante los, más o menos, diez primeros minutos del mercado, había un valor que descendía y subía con la forma de una «U»: todos y cada uno de los días.

Estaba intentando averiguar cómo adivinar cuándo volvería a ascender después de su bajada (la primera mitad de la «U»).

Tal y como he dicho antes, Kris comentó que pensaba que este valor y el Dow Jones tenían algún tipo de relación. Decidí intentar observar la gráfica del Dow Jones superponiéndola a la gráfica de este valor tecnológico con la forma de «U». Me di cuenta de que, frecuentemente, cuando las dos líneas (la del valor tecnológico y la del Dow Jones) caían en sincronía, y luego el Dow Jones se separaba en sentido ascendente, el valor tecnológico iniciaba entonces su ascenso para completar la segunda mitad de la «U». Durante este período hablé mucho con Frank y Kris, intentando comprender qué era las opciones en realidad. Vimos muchos vídeos de YouTube que, honestamente, no tenían NINGÚN sentido para mí. Estos vídeos proporcionaban la definición correcta, pero sentí que las definiciones eran demasiado detalladas, en lugar de exponer qué suponían estas cosas para los traders. Sería como preguntar por la definición de «agua» y que te explicaran que el hidrógeno es el elemento químico más pequeño de la tabla periódica, que el oxígeno es un gas y que la combinación entre ellos genera moléculas que se unen formando un líquido que tiene propiedades conductivas. Todo esto es cierto, pero completamente inútil. Una mejor definición para un lego sería que el agua es el líquido transparente que todos los mamíferos deben consumir para sobrevivir y calmar la sed, y es de lo que están formados la lluvia, los océanos, los ríos, los lagos y los estanques: algo así.

Frank era un trader de fluctuaciones (un trader que opera a corto plazo). Conservaba los contratos de opciones durante semanas, por lo que esto era lo más cercano a una estrategia que conocía. Lo probé con cien dólares aquí y allá, mientras seguía dedicándome a otras posibilidades laborales. Seguí escribiendo mi libro sobre hablar en público, llevando a cabo trabajos de carpintería y haciendo dibujos; pero también capté una idea que pensé que realmente me podría hacer acumular riqueza de verdad.

Sentí como si pudiera tomar un grupo o actividad y hacer que se expandiera y triunfara mediante la pura intención. Pude dar con una forma de explotar las oportunidades, llevar las cosas a un sistema de producción más eficiente, acelerar el *marketing* y las ventas y desarrollar sistemas que hicieran que sucediera todo esto. La única razón por la que creía que podría hacerlo fue porque era lo que hacía en cualquier departamento del que formé parte en la organización sin ánimo de lucro. Era algo que me gustaba hacer y para lo que sentía que tenía talento.

Así pues, pensé en mi amiga Stephanie.

No la había visto en años, pero recordé haber charlado con ella en 2014 sobre sus almohadones decorativos personalizados en Etsy. Era alrededor de noviembre de ese año y se quejaba de que sus ventas apenas lograban que su negocio siguiese en marcha, y que necesitaba de verdad ganar más dinero. Le hice unas veinte preguntas en relación con su negocio, y entonces le hice una recomendación. Al mirar en su listado de productos, tenía unos cuatro almohadones decorativos de muestra con frases o dibujos encantadores. Suponían unos regalos geniales, y ella ganaba cuatro mil dólares mensuales haciendo esto.

—¿Cómo haces las fotos de estos almohadones? –le pregunté.

—Supone mucho trabajo. Tengo que crear el almohadón, instalar la iluminación, colocarlos y luego fotografiarlos.

—Ya veo. ¿Quieres ganar veinte mil dólares en diciembre?

—¡Claro que sí! –dijo ella.

—Entra en Fivvr, encuentra a un experto en Photoshop e idea cincuenta diseños o frases que le puedan gustar a la gente. Haz que el Photoshop haga estas bonitas fotos y cambia el mensaje que acompaña a los almohadones.

—Hummm… Interesante –dijo.

—Elige tus treinta favoritos y ponlos a la venta. Piensa en los regalos navideños –le dije.

Lo hizo. El 12 de diciembre tuvo que cerrar su página web para pasar las dos semanas siguientes satisfaciendo sus encargos por un valor de 26 000 dólares. No podía gestionar más encargos si le llegaban.

Ambos seguimos adelante con nuestra vida, pero nunca olvidé cuánto pensé para mis adentros que de verdad podía ir allí y averiguar cómo hacer prosperar su negocio.

El 12 de diciembre de 2019, mire mi cuenta bancaria y las deudas de mis créditos. En el banco tenía algunos miles de dólares y las deudas de mis créditos sumaban decenas de miles de dólares. Técnicamente seguía sin un hogar, ya que estaba viviendo con mi hermano de forma temporal. Mi mujer seguía en otra ciudad finalizando su trabajo. Recuerdo haber pensado que el 12 de diciembre había sido el mismo día en el que Stephanie había tenido que cerrar su página web con su lista de productos para disponer de tiempo para satisfacer sus encargos durante las fiestas navideñas.

Pensé en ella y visualicé mi idea para hacerle ganar dinero a ella y a mí, pero sabía que ella no estaría disponible hasta el año siguiente, con todo el trabajo navideño del que se estaría ocupando. Por lo tanto, evité llamarla. Cada día, la deuda de mis tarjetas de crédito crecía y mi cuenta bancaria menguaba.

Llegaron las fiestas y gasté incluso más dinero, yendo a visitar a mi abuela, de noventa años, por la cual me hubiera gastado, honestamente, hasta el último centavo que hubiera tenido, porque la quiero mucho, pero me estaba quedando sin dinero.

Había probado con unas quince operaciones de tendencias (a corto plazo) o *swing trades,* muchas de las cuales habían sido un fracaso. Estaba empezando a ver el trabajo en un restaurante de comida rápida o para Uber en mi futuro si no se me ocurría algo. Ninguna de estas profesiones nos aportaría el estilo de vida que queríamos mi mujer y yo para formar una familia.

Al final llamé a Stephanie y le pedí que nos viéramos. Estuvo de acuerdo, y conduje hasta Santa Mónica para tomar un café con ella. Era un enero encantador, la temperatura era de veinte grados centígrados y soplaba una brisa. Era un día que dejaba claro por qué el clima de Los Ángeles es tan agradable. El viento salado del Pacífico me llegó a la nariz y luego ocupó un lugar en mi recuerdo de este momento.

—¡Hola, Stephanie!

—¿Qué tal, Jeremy?

Nos sentamos y tomamos un café, con nuestras gafas de Sol puestas en esa soleada tarde.

—Tengo una idea de negocio que quiero proponerte –le dije.

—¡Vaya, esto es interesante! No tenía ni idea de qué iba a ir esta reunión, pero estoy intrigada –respondió.

—Es sobre lo de tus almohadones. Creo que puedo duplicar tus ingresos. Y si es así, me gustaría compartir los nuevos beneficios.

—En realidad no quiero más trabajo –me dijo.

Tenía casi cincuenta años y era una actriz decentemente exitosa. Tenía un aspecto increíblemente joven para su edad: era algo mágico. Hacía poco había interpretado el papel de la novia de un hombre de veinticinco años que parecía que tuviera unos treinta, y su personaje se suponía que tenía la misma edad. Es ciertamente sorprendente. Pese a ello, en Hollywood puedes ser un actor que esté trabajando y, pese a ello, estar arruinado.

La diferencia entre ganar una fortuna y ser pobre en Hollywood no es muy distinta a la brecha entre los traders de opciones exitosos y los que pierden dinero. Estamos hablando de unos porcentajes bajos (de una sola cifra) para aquellos que pueden sobrevivir con las ganancias.

A la edad de Stephanie, y con su nivel de ajetreo con su trabajo en Etsy y su carrera como actriz, aceptar más trabajo era, realmente, lo último que quería hacer con su tiempo.

—No te preocupes. Tendrás poco o nada que hacer con respecto a lo que ya haces. Yo lo haré todo por mi parte para añadir valor a tu línea de producción y tus ventas.

—Parece una situación en la que ambos ganaríamos, si es cierta –dijo.

Acordamos un trato. Yo, por supuesto, sabia menos que nada sobre Etsy, hacer almohadones o conseguir que la gente comprara almohadones, pero sabía que el potencial estaba ahí y que no se había explotado plenamente.

—Necesito dinero para comida y gasolina, pero soy demasiado orgulloso como para pedírselo a alguien, excepto a un banco –le dije a Kris.

—Bueno, puedes quedarte aquí todo el tiempo que necesites para ahorrarte el pagar un alquiler –me contestó Kris.

—No puedo agradecértelo lo suficiente –le respondí.

—Gracias a ti por mantener la casa siempre limpia –me dijo.

—Es lo menos que puedo hacer.

Empecé a darle vueltas a la idea del negocio de los almohadones con Stephanie, yendo frecuentemente a su taller, comprobando sus operaciones y buscando formas de hacer que las cosas fueran más productivas y aumentar las ventas. Ella había añadido algunos productos a su tienda en Etsy, incluyendo una caja de regalo con jabón y una plantita suculenta. Me vi conduciendo por la ciudad para ayudarla a obtener estas cosas, lo que me costaba dinero en gasolina, pero eso formaba parte de la inversión.

Un día, a principios de 2020, antes de que la pandemia nos golpeara, conduciendo de regreso desde Orange County con algunas bandejas de plantas suculentas en la parte posterior de mi coche, me paré en una gasolinera para repostar. Le eché un vistazo a mis tarjetas de crédito y de débito para elegir cuál usar. La mayoría de ellas estaban bajas de crédito disponible, y la tarjeta de débito tenía un saldo muy inferior al que pensaba. Usé una de las tarjetas para llenar el depósito, y el precio total fue de unos cien dólares.

«Necesito que me entre algo de dinero. Esta situación se está volviendo insostenible», pensé.

Le entregué las plantas a Stephanie y regresé a casa. Entré en el portal de banca de mi tarjeta de crédito de Capital One y solicité un alto porcentaje de adelanto de dinero.

Entonces transferí algo de dinero a mi cuenta de corretaje y decidí que iba a intentar jugar con la forma de «U» que había visto tantas veces con los valores tecnológicos en los que me había estado fijando a finales de 2019 y principios de 2020.

«Simplemente necesito ganar algunos dólares para comida y gasolina, y ésta es la única cosa en el mercado de valores que puedo predecir», pensé.

La mañana siguiente me desperté temprano, a mi hora usual, me dirigí hacia mi ordenador portátil y abrí una gráfica. El mercado abrió, esperé a que apareciera el patrón y adquirí, nervioso, una opción de compra por 1080 dólares. Los siguientes minutos me parecieron toda una vida…, pero el salto se produjo exactamente como lo había predicho y… vendí por exactamente 1130 dólares. Gané mis primeros 50 dólares usando el patrón predecible. Esto fue genial: disponía de una forma de ganar dinero para la comida y la gasolina antes de ir trabajar cada día.

Por lo tanto, al día siguiente hice lo mismo, y gané 199 dólares.

Luego, en mi siguiente operación obtuve 300 dólares, y al día siguiente gané 185.

Mientras seguía trabajando con el negocio de los almohadones, seguí usando este truco para ganar un dinero extra.

Le pedí ayuda a mi amigo Sean para que me ayudara con el negocio de Etsy. Se nos ocurrió una idea para montar una tienda paralela en Shopify para así tener tanto *marketing* como quisiéramos, ya que Etsy tenía limitaciones.

Sean y yo estábamos muy verdes, como la gelatina pegajosa parecida un moco que salía en los programas infantiles de la cadena de televisión Nickelodeon en la década de 1990, pero también pensábamos que aprender esto era una idea genial para conseguir una plataforma para cualquier empresa de ventas en la que participáramos.

Organizamos la tienda, expusimos los almohadones y empezamos a publicitarlos. Las ventas fueron llegando poco a poco, lo que resultó bastante divertido, para ser sincero.

Filmamos anuncios, promocionamos el producto y lo hicimos lo mejor que pudimos de otras formas para impulsar las ventas. Mientras tanto, le hablé a Sean de mi estrategia en el trading. Se mostró interesado de inmediato y me pidió que le enseñara. Le describí el método por teléfono. Lo probó y le encantó. Le estaba haciendo ganar dinero prácticamente cada día. Por lo tanto, se lo enseñé a Camila, otra amiga, y luego a Cody, a Ray, a Juan y a un par de personas más.

Mi amigo Todd me invitó a cenar en su apartamento, en Los Ángeles. Tod preparó un solomillo cocinado al vacío, que estaba fabuloso. Le describí mi método de trading y me dijo que quería aprenderlo. Me alegró enseñárselo.

—¿Cuánto me cobrarás por enseñarme? –me preguntó.

—¿Perdón? –dije.

—Dime un precio –me respondió.

—No estaba pensando en cobrarte nada –dije.

—Deberías. Es un servicio maravilloso –argumentó.

—Ni siquiera estoy seguro de que sea legal cobrar a alguien por esto, ya que no soy un asesor financiero certificado –respondí.

—Bueno, hazlo legal y véndemelo –me dijo.

Averigüé que, si publicas una estrategia genérica para el trading o la inversión, sin proporcionar una asesoría individualizada y personalizada, entonces estás cubierto de acuerdo con la Exención de los Editores. Por lo tanto, lo organicé de esa forma y él me pagó por enseñarle, cosa que hice y que a él le encantó. Empezó a ganar unas cantidades de dinero nada desdeñables.

Mientras tanto, la tienda de almohadones iba sobre ruedas. No me estaba forrando, pero Sean y yo estábamos aprendiendo y conseguíamos rentabilidad. Shopify nos envió una notificación diciéndonos que nos encontrábamos en el 10 por 100 superior en ganancias de entre las tiendas de Shopify nuevas.

Llegados a este punto, mi mujer y yo nos habíamos mudado a un apartamento de 65 metros cuadrados en Brentwood, de modo que pudiera estar cerca de su trabajo en Westwood. Había empezado a trabajar para un bufete de abogados como asistente y estaba cubriendo más dinero de las facturas que antes, lo que me proporcionó un cierto respiro para probar con mis empresas emergentes; pero todavía vivíamos al día.

Después de obtener mi primer pago de Todd, entré en Internet y me inscribí en mi propia sociedad de responsabilidad limitada.

Con las ventas de los almohadones, nuestro gran plan consistía en capitalizar el Día de la Madre, que era la forma perfecta de vender estos almohadones personalizados. Un almohadón concreto se había vendido muy bien en Etsy, que mostraba un mapa de EE. UU. con algunos corazones situados sobre ciertas ciudades, con una leyenda: «El amor vive aquí». Le compré uno a mi madre en mayo de 2020 y le gustó.

Para intentar vender este producto, hice dos anuncios en vídeo. Yo aparecía en uno de ellos y mi mujer en el otro. Hablé de los almohadones personalizados, cómo se producían bajo demanda y lo bonitos que eran. También filmé a mi mujer diciendo lo mismo. Sean quería publicar ambos anuncios y ver a cuál le iba mejor.

Cuando publicamos estos anuncios en Facebook, quedó claro que el de mi mujer era unas mil veces más exitoso que el que yo hice. Como puedes comentar los anuncios que aparecen en Facebook, eché una ojeada a lo que la gente estaba diciendo sobre su anuncio y el mío. El suyo estaba repleto de buenas preguntas y «Gracias», mientras que en el mío principalmente había propuestas por parte de gays preguntándome si estaba soltero o diciéndome que era guapo. JA, JA. Ese día aprendí algo sobre la promoción de una marca, las audiencias y la publicidad.

Después de finalizar las ventas del Día de la Madre, nos reunimos y comprobamos las cifras. Yo había conseguido un beneficio personal de 2500 dólares a lo largo de tres meses con la creación de esta tienda con Sean y Stephanie. Ahora había llegado el momento de presentarle mi plan de negocios futuro a Stephanie.

Estaba de pie en mi cuarto de estar y la llamé.

—La tienda ha sido un pequeño éxito, pero ahora disponemos de los elementos para llevar esto al siguiente nivel –dije. Procedí a describirle cómo podíamos crecer y hacerla rica al cabo de dos años, mientras yo me ganaba la vida decentemente a lo largo del camino.

—¿Sabes? Gano más de lo que necesito trabajando tres o cuatro horas diarias. Al trabajar contigo estos últimos meses, he tenido que trabajar un poco más. Y de verdad, no lo necesito, y ese trabajo extra… simplemente no quiero hacerlo –dijo.

Sentí cómo se me caía el alma a los pies, y después se me cayó el corazón. Tres meses de aprendizaje, desarrollo, ventas, optimización y, por último, obtener beneficios. Veía un futuro brillante. El producto que elaboraba Stephanie era muy apreciado por todos y era bastante escalable. Estaba imaginando esto como una forma de tener el control de mi vida y ganarme un sueldo por el trabajo que estaba haciendo. Pero ella lo dejó claro. La respuesta fue que no.

Acepté, respetuosamente, su negativa. Probablemente podría haberla convencido para que me dejara seguir avanzando, pero sabía que ella no se implicaría en ello, y que ese simple detalle mataría las buenas vibraciones del grupo.

No me estoy quejando de Stephanie aquí, y no critico en absoluto su decisión. Incluso en aquella época, no estaba enfadado con ella para nada, ni sentí que estuviera siendo injusta en modo alguno. De hecho, estaba verdaderamente agradecido de que me hubiera permitido entrar en su mundo para aprender de él, formar parte de él e incluso contribuir a él. Simplemente teníamos unas ambiciones disparejas.

Pese a ello, el resultado es que volvía a ser como el niño nuevo en el colegio que llega a mitad de curso sin conocer a nadie y sin ningún punto de apoyo. Volvía a estar en la casilla de salida y no me encontraba más cerca de la organización en nuestra vida que necesitábamos para formar una familia.

—Oye, Jessica, ¿qué tendríamos que hacer para que te sintieras bien al respecto de tener un hijo? –le pregunté a mi mujer.

—Quiero tener una mejor seguridad económica antes de que nos embarquemos en esa aventura –me contestó.

—¿Qué significaría eso para ti? Me refiero a literalmente –pregunté.

—¿A qué te refieres? –preguntó.

—Quiero decir que, ¿de cuánto dinero tendríamos que disponer para que te sintieses segura para traer a un bebé a este mundo?

—Necesitaríamos disponer de diez meses de nuestros gastos cubiertos, de modo que en el caso de que no entre dinero podamos seguir permitiéndonos vivir –dijo.

—De acuerdo, así que, ¿una vez que tengamos esa cifra en el banco estarás preparada?

—Sí.

Ahora disponía de una cifra exacta a la que aspirar de modo que mi sueño de ser padre se convirtiera en realidad.

Habíamos comentado muchas veces cómo tantas familias empiezan sin disponer de la estabilidad económica que ella había descrito. La mayoría no la tiene y, pese a ello, la familia sale adelante y los niños crecen bien. Pero eso no era lo que ella quería. Estaba asustada. ¿Qué pasaba si el embarazo iba tan mal que no podía trabajar? ¿Qué pasaba si después del nacimiento del bebé ella era incapaz de trabajar y aportar un salario al hogar? En esa época ella era el principal sostén de la familia, y yo era más impredecible al respecto. Quién sabe si esto podría funcionar. Aunque ella creía en mí, también era realista.

Por lo tanto, el partido estaba en marcha. Tenía que conseguir ese dinero y llenar la caja de modo que pudiera avanzar en la aventura que me preocupaba más que ninguna otra cosa: la aventura de ser padre.

El trading estaba yendo mejor y mejor a medida que el verano de 2020 estaba llegando a su fin. Los confinamientos debidos al COVID hicieron que los traders minoristas que operaban desde casa estuvieran ocupados. Los aficionados al trading abrieron cuentas de corretaje como si no hubiera un mañana y los gurús del trading empezaron a sacar tajada.

Estaba recibiendo llamadas sin parar para aprender mi método, y me encontré enseñando a la gente mientras dedicaba sólo veinte minutos por la mañana llevando a cabo las operaciones y consiguiendo un buen dinero.

El objetivo consistía en volverse más realista a medida que el montón de deuda de las tarjetas de crédito se iba haciendo más pequeño, y las cuentas bancarias y de corretaje iban creciendo.

Jessica, mi esposa, había estado saliendo con nuestra amiga Cristina, y averiguó que el marido de Cristina, Kevin, era cámara, especializado en concreto en preparar cursos en vídeo. Los dos eran viejos amigos, pero no los habíamos visto en mucho tiempo. Jessica le expuso la idea a Cristina de que Kevin me grabara un curso en vídeo para ayudarme a ocuparme de la afluencia de solicitudes para aprender mi sistema, que a estas alturas había bautizado con el nombre de «El trader de 20 minutos».

Me reuní con Kevin y le encantó la idea. Fijamos una fecha, yo escribí un guion y lo filmamos todo en el transcurso de dos días.

Cuando la gente llamaba para obtener información sobre el trading de 20 minutos, podía proporcionarles mi curso en vídeo, lo que me permitió admitir a más gente.

Recuerda que ni siquiera estaba intentando iniciar un negocio con esto. Estaba simplemente sentado ahí, llevando a cabo mis operaciones de trading y ayudando a la gente a aprender mi método.

También me encargaron dibujar un retrato para alguien. Por lo tanto, tenía tres fuentes de ingresos: enseñar la estrategia, el trading y los dibujos.

Mi cuenta bancaria se estaba llenando mientras retiraba las ganancias de mi cuenta de corretaje. Llegado octubre, necesitaba 15 500 dólares más para alcanzar el objetivo que nos habíamos marcado para estar preparados económicamente para formar una familia. En ese preciso momento, saqué esa cantidad exacta de mi cuenta de corretaje.

Llegados a ese punto, había podido retirar 27 000 dólares de mi cuenta de trading y, finalmente, metí el último centavo que necesitaba para satisfacer la petición de Jessica para que se sintiera preparada para embarcarse en tener hijos.

—Oye, Jessica, déjame mostrarte algo.

—¿Qué?

Le mostré el saldo de mi cuenta bancaria. Era la cifra exacta que habíamos acordado: diez meses de gastos cubiertos.

En diciembre el test de embarazo arrojó un resultado positivo.

En esa época enviaba mi vídeo a cualquiera que me lo pidiera y pagara por él, sin haberlo promocionado nunca ni haberlo dado a conocer a través de ningún medio. Todo se basó, totalmente, en el boca a boca. Pero sucedió algo raro con mi trading que lo desbarató todo.

Un amigo adinerado me rogó que operara en la Bolsa por él. Le dije que no repetidas veces. No estaba preparado y ni siquiera creo que fuera legal. Resulta que sí puedes tener una cuenta conjunta con alguien, y cualquiera de los dos puede acceder a ella y practicar el trading con ella. Me aseguró, una y otra vez, que podía perder todo el capital inicial y que no le pasaría nada si eso sucedía.

La proveímos con 100 000 dólares de su dinero, y empecé a operar en la Bolsa. Al principio, los escalofríos eran tan intensos que apenas podía controlar mis propios dedos. Estaba mareado cuando llevé a cabo la primera operación, y estaba muy animado cuando resultó rentable. Al cabo de una semana, la cuenta ya había ascendido hasta los 105 000 dólares y ya me sentía un poco menos aterrorizado; pero un buen día, justo cuando pensaba que todo iba sobre ruedas, la operación que intenté fue una señal de compra incorrecta. Apenas satisfacía los requisitos que había enumerado, pero me quedé de piedra cuando el precio de las acciones del valor bajó… y siguió bajando mientras seguía aguantando el contrato de opciones de compra. Normalmente me habría retirado en ese momento, pero no lo hice. La tremenda magnitud de las pérdidas al cabo de unos momentos, que suponían 10 000 dólares, era tan elevada que vender confirmaría esa gran pérdida, y eso era algo que no podía ni imaginar. Echando la vista atrás y, por supuesto, perder 10 000 dólares habría hecho que la cuenta descendiera desde los 105 000 dólares hasta los 95 000. Esto habría sido ligeramente decepcionante, pero distaría mucho de ser devastador.

Recuerdo haber pensado: «Ésa es una pérdida demasiado grande. No puedo vender. Necesito esperar a que vuelva a subir». Estuve ahí sentado y empecé a rezar a cada dios del universo para que revirtiera la dirección del precio del valor y que volviera a ascender, pero si tales dioses existen, debían saber que yo eran un charlatán y que mi amor recién descubierto por ellos era un tipo de desesperación en lugar de verdadera fe. Podía incluso ser que hubiera intentado bailar la danza de la lluvia. Ninguna de estas cosas funcionó. El precio se desplomó. Habían pasado horas y el precio siguió subiendo un poco, proporcionándome esperanza, pero luego volvía a bajar, y más por debajo del anterior precio mínimo. Me preguntaba si mi amigo habría echado un vistazo a la cuenta. ¿Debía telefonearle? Acababa de perder decenas de miles de dólares de su dinero. Habíamos perdido 20 000 dólares y no parecía que el valor tuviera planes para volver a subir de precio.

Decidí esperar durante la noche, y cuando me desperté al día siguiente (fue difícil dormir), la cuenta había bajado todavía más: una pérdida de 25 000 dólares. Llegué a la conclusión de que el precio nunca dejaría de caer, y la mejor forma de recuperar el dinero perdido era vender las opciones de compra y adquirir, en lugar de ellas, opciones de venta. Ésta era una forma en la que podía capitalizar la tendencia bajista.

Las opciones de venta son, simplemente, un tipo de opción que te permite ganar dinero cuando los valores están cayendo, en lugar de subir. Puede que hayas oído hablar de «operar a corto» con un valor. Éste es un concepto similar en el que apuestas a que un valor bajará de precio en lugar de a que subirá de precio, y sacas provecho de ello.

Compré un montón de opciones de venta. Éste fue un momento concreto en mi vida en el que me di cuenta de que no era inherentemente afortunado. Había gente afortunada en este mundo. Mi hermano era un ejemplo de ello. Él era, obviamente, inherentemente afortunado. No siempre todo iba como él quería, pero por lo menos sí a veces. Cuando la suerte era el factor decisivo en mi vida, perdía. Eso era algo prácticamente garantizado. Ésa es la razón por la cual ser más astuto que mi mala suerte era y sigue siendo la mejor estrategia; pero en el caso de mi hermano pequeño, la suerte parecía favorecerle.

Momentos después de haber comprado las opciones de venta, el valor decidió que ya estaba bien de bajar y volvió a subir. A medida que ascendía, la cuenta cayó desde los 75 000 dólares a los 65 000 y luego a los 55 000.

Ahí estaba yo, arrepintiéndome de haber vendido las opciones de compra, que se habrían recuperado si hubiera esperado un poco más; y a esto se sumaba la estresante culpabilidad de haber comprado las opciones de venta.

En ningún momento hablé con mi amigo de que pudiera aguantar durante días, intentando hacer lo que fuera que pudiera y, en esencia, apostando su dinero.

En ese momento, no sólo era un jugador, un charlatán religioso, un hereje o lo que fuera, sino que estaba rompiendo mi trato con mi amigo, ocultándole el estado de las cosas. Era un manojo de nervios. Intenté ser honrado. No le soy infiel a mi mujer, no consumo drogas ilegales, no conduzco y envío mensajes por el móvil al mismo tiempo, y no miento a no ser que se trate de una nadería; pero aquí estoy, como un completo delincuente. Tomé el camino equivocado.

Me miré en el espejo y me dije cosas atroces. Rara vez (por no decir que nunca) había experimentado tanto estrés y tantos sentimientos autodestructivos. Al final llamé a mi amigo y le expliqué toda la historia. Entonces le dije que quería retirarme del juego de la cuenta conjunta, y que le devolvería todo lo que había perdido. Esta cantidad equivalía a la que había retirado y ahorrado en mi cuenta para disponer de la estabilidad económica para formar una familia. En cuestión de dos días, le di la vuelta a los valores contables desde cifras positivas a negativas en el libro de contabilidad de mi vida.

Mi amigo se portó realmente bien, y no esperó recuperar el dinero de inmediato. Reconoció que me había presionado hacia una situación que era nueva e inusual, y me proporcionó suficiente tiempo para conseguir el dinero. ¡Qué alivio! Por cierto, le he devuelto su dinero: cada centavo que perdí. Pese a que el acuerdo era que podía perder un montón de dinero y a él no le importaría, me sentí como si hubiera roto el trato al violar el sistema.

Me sentí, durante semanas, como un farsante, un perdedor y pensé en abandonar el trabajo del trader de 20 minutos por completo. ¿Cómo pude actuar como un completo sabelotodo cuando era, de acuerdo con todas las pruebas, un perdedor redomado, rubricado y sellado, digno de ser expuesto en un museo, hecho y derecho, certificado y declarado como tal por las altas instancias?

Telefoneé a Camilla, una de las primeras traders de 20 minutos, que tiene madera para escuchar y comprender. Le expliqué toda la historia en detalle. Ella comprendía el sistema bien, por lo que percibí una comprensión entusiasta emanando de ella.

—Soy un impostor. Estos alumnos míos que están usando mi sistema creen que genero rentabilidad, pero no es así –dije.

—De acuerdo, lo pillo –dijo–. Si hubieses aplicado tu sistema correctamente, ¿cuánto habrías perdido con esa operación?

—Cuatro mil quinientos dólares –respondí.

—De acuerdo. Haz los cálculos matemáticos. ¿Cuánto dinero hubiera tenido la cuenta en ese caso?

Revisé y calculé cuánto estaba ganando con el trading de 20 minutos siguiendo las normas a rajatabla. Si incluyes mis propias ganancias de mis otras cuentas, además de la de mi amigo, estábamos hablando de decenas de miles de dólares.

—La operación que efectuaste no tuvo, en realidad, nada que ver con tu sistema. Fue una apuesta a la desesperada –me dijo.

—Bien visto –le contesté.

—He ganado tantos miles de dólares con tu sistema. También he perdido dinero haciendo un puñado de cosas experimentales no relacionadas con él –dijo–, y sería injusto culpar a tu sistema por mis operaciones salvajes y que no responden a los estándares.

Me recompuse y me volví a poner mi traje de técnico, y seguí usando el método en toda su pureza.

Y volvió a irme bien.

A medida que avanzaba el año 2021, el número de solicitudes para aprender mi estrategia creció. Intenté lo mejor que pude transmitirlo todo con mis vídeos y a través del teléfono, pero eran, sencillamente, demasiadas personas con las que trabajar.

Un grupo de alumnos se reunió y me pidió que celebrara un curso de tipo seminario en vivo a lo largo de un fin de semana para enseñar el método y responder a preguntas en una situación de grupo. En marzo de 2021, alrededor de treinta personas aparecieron en un sector de oficinas en Pasadena (California), la mismísima ciudad en la que descubrí el patrón original.

El sábado y el domingo repasamos los aspectos básicos, los detalles sobre los patrones, y nos fijamos en la reproducción en vídeo de patrones, para así familiarizarnos de verdad con el aspecto que deberían tener al realizar operaciones en tiempo real. El lunes por la mañana nos volvimos a reunir y pudimos jugar con operaciones sobre el papel cuando el mercado estaba abierto de verdad.

Ésta fue una oportunidad para hacer que todos adquiriéramos habilidad con las compras y las ventas, y viendo cómo las gráficas se movían en relación con transacciones y cifras reales.

El curso fue un éxito. Afortunadamente, contraté a un equipo de filmación con tres cámaras para grabar esos tres días con un metraje de alta definición y gran calidad. Lo organizamos todo en forma de una clase con 55 lecciones llamada la «Clase magistral del patrón secreto».

Puede que te estés preguntando: «Oye, Jeremy, ¿cómo es que no nos cuentas con qué valor descubriste el patrón?».

Bueno, para ser honesto, me temo que, si demasiadas personas lo supieran, podrían anular su eficacia. Hay muchas opciones de compra a la venta. Si hubiera miles de personas intentando comprar los mismos contratos al mismo tiempo, no quedaría ningún disponible para comprar y vender.

Podría saturarse con tantos participantes. Esta playa privada del Patrón Secreto sigue siendo exclusiva para nosotros, de forma que evitemos aglomeraciones y no pierda su encanto.

Este curso está en venta en mi página web y se llama Secret Pattern Master Class (Clase Magistral del Patrón Secreto). Incluso incluye un acuerdo de confidencialidad que se debe firmar antes de iniciarlo.

No me guardo nada en ese curso, y hasta el día de hoy es el servicio más popular que ofrece el programa del trader de 20 minutos.

Más o menos un mes después de esa clase magistral en vivo y en directo, empecé a preguntarme si había algún otro patrón ahí fuera al que debiera prestar atención. Recordé que, en mi navegación general, detecté un patrón en un cierto valor, pero que nunca le hice un seguimiento. ¿Por qué iba a hacerlo? Tenía esta máquina bien engrasada produciendo dinero con mi patrón original. ¿Por qué perder mi tiempo explorando otros patrones?

Lo que me dejó alucinado fue la cantidad de traders de 20 minutos que no se habían inscrito a la clase magistral y que estaban pidiendo algunos detalles sobre el patrón y más indicaciones con respecto a un valor que escoger. Decidí invertir tiempo en el estudio de otro valor.

En mayo de 2021, dos meses después de dar ese curso en vivo y en directo, cambié el código del valor que usaba normalmente por el nuevo, que sospechaba que tenía un buen patrón. El mercado abrió. Tenía el Dow Jones ahí también. Ambas líneas reptaban por la pantalla, interactuando como la doble hélice de la molécula de ADN. Al cabo de algunos minutos, vi cómo el Dow Jones mostraba un buen repunte nítido e independiente. Entonces, como un obediente cómplice, el valor ascendió como respuesta. Era el doble de claro que el que había estado usando durante el último año y medio.

Este valor mostró una línea en zigzag a lo largo de la gráfica. Cuando me fijé en él, me encontré con que este valor concreto tenía la ventaja de disponer de un número significativamente mayor de contratos de opciones para comprar en comparación con el otro valor que había estado usando. Esto significaba que podía subir hasta unos niveles más elevados si quería. Podía hacer llegar mi cuenta hasta un nivel en el que estuviera operando con un millón de dólares al día con ella y que el volumen de los contratos con los que se estuviera operando fuera fácilmente capaz de soportarlo. Este valor era mejor que el que había estado usando. Así de llano y sencillo.

Decidí que dedicaría mi tiempo a profundizar y estudiar esto hasta el más mínimo detalle. Iba a implicarme como un genio de las matemáticas, obsesionándome con las líneas y las gráficas, los puntos y los centavos.

Para este proyecto, obtuve la ayuda de treinta verificadores de la versión beta. Quiso la suerte que en mayo y la primera parte de junio este valor consiguiera dinero de forma tan fácil que todos nosotros teníamos éxito a la hora de adivinar los puntos de entrada/compra que generaban beneficios. Simplemente asumimos que el precio trazaría un zigzag. El zig sería el movimiento ascendente y el zag el descendente. Si el precio nos mostraba una bajada (zag) y el Dow Jones empezaba a subir (zig), comprábamos, y el valor ascendía en forma de un zig y sacábamos provecho de ello. Pensábamos que contábamos con el mejor truco de la historia y no podíamos creérnoslo.

Pese a ello, el final de junio nos bajó los humos. Quedó claro que había más de lo que se ve a simple vista. Pasamos el resto del verano intentando identificar qué criterios concretos nos proporcionaban la mayor probabilidad de un ascenso subsiguiente del precio de las acciones. Recibía un *feedback* diario por parte de cada verificador de la versión beta, averiguando qué obstáculos, puntos de compra, indicadores, predictores y actuaciones exitosas encontrábamos. Tabulé y volví a mirar, comprobé y lo cuestioné todo.

Hacia finales el verano, tenía diferentes conjuntos de criterios que parecían predecir, plausiblemente, un pequeño ascenso con un nivel decente de fiabilidad y robustez; pero eso ni siquiera se acercaba a lo que necesitaba para crear el sistema perfecto. Y cuando digo «criterios», me refiero a valores de tiempo, puntos, centavos o tendencias de estas líneas y de las cantidades rigurosas en las que fijarse al intentar predecir una subida. Quería una objetividad total sin necesidad de un truco, un sentimiento o una corazonada. Quería un conjunto de criterios o de parámetros que fuera tan preciso que pudiera redactarse en forma de un código y que pudiera usarse en lugar de tener a un humano para que lo determinara e interpretara. Ése era el objetivo final: una automatización total. Y este objetivo final nos haría llegar más lejos en el trading manual. Queríamos una respuesta concreta en forma de una acción para cada situación, para que cuando llegara el momento nunca fuese cuestión de qué hacer. Siempre había una respuesta correcta sobre qué hacer si sucedía A o sucedía B.

Había estado trabajando con un equipo de *software* para desarrollar un medidor retrospectivo que pareciera idéntico a TradingView en cuanto a su presentación de la información segundo a segundo, pero que se le pudiera introducir información del pasado y, en esencia, simular el mercado de aquel entonces.

Los datos de TradingView no te permiten retroceder mucho con sus gráficas de un segundo: quizás un día, más o menos. Necesitaba retroceder semanas, meses y años para analizar estos criterios y ver en qué conjunto podía confiar en cuanto a que durara en el futuro. Estas gráficas deberían disponer de la capacidad de modificar su escala automáticamente mientras las ampliábamos o nos alejábamos en lugar de que se desplazaran hacia la parte superior o la inferior de la gráfica, proporcionarnos los precios exactos en cada punto, y mostrar la interrelación entre el Dow Jones y el valor. Para crear esta máquina del tiempo, simplemente necesitábamos un condensador de flujo y un DeLorean… Pero, espera…, ése era otro proyecto. Necesitábamos los valores del Dow Jones y del valor para cada segundo del mercado y por cada día de trading a lo largo del transcurso de tres años. Esto suponía cuarenta y seis millones de precios. Adquirimos esta información de la Bolsa.

Inicié mi viaje en el tiempo retrocediendo hasta enero de 2018, eligiendo el primer día de trading del año. Eché un vistazo a la gráfica y usé los criterios del primer conjunto de normas sobre el que había planteado la hipótesis de que podría ser el que mejor predijera. Observé cada parámetro, uno detrás del otro. Justo después de que estos criterios se pusieran de manifiesto, el precio del valor ascendió agradablemente 25 centavos. Ésta podría, ciertamente, haber sido una operación rentable. Observé, durante todo el período de veinte minutos, cualquier otro momento en el que el conjunto concreto de criterios se pusiese de manifiesto, y me fijé para ver si también se daba una subida subsiguiente o si, en lugar de ello, el valor descendía. Apunté estos detalles en mi hoja de trabajo. Incluso anoté cuándo se daban estas situaciones al segundo exacto. Me fijaba en qué grado subía el valor y cuánto se desplazaba hacia abajo antes de, finalmente, subir. Esto era para saber qué nivel de colchón debía proporcionar. En otras palabras, ¿hasta qué punto descendente debía permitir que cayera el precio del valor antes de que pudiera esperar ver cómo subía y obtener un beneficio? Como no siempre sucede que haya un ascenso inmediato tras la compra, puede pasar que la subida se dé 45 segundos después de que se mostraran los criterios. Quizás la línea del precio de las acciones del valor en mi gráfica descendiera un poco primero. Calcular el número de centavos que tendía a bajar como máximo, como mínimo y como media, me proporcionaría criterios de venta. Estos datos me dirían cuándo cortar mis pérdidas y cuándo aguantar para la subida.

A continuación, comprobé el siguiente conjunto de criterios sobre los que habíamos hipotetizado a lo largo del mismo período de veinte minutos de ese mismo día, tabulando los mismos aspectos concretos. Hice lo mismo con el siguiente conjunto de criterios en ese mismo día. Me llevó 35 minutos calcular correctamente todas estas cifras. Después pasé al segundo día y llevé a cabo las mismas tabulaciones. Repetí este ejercicio de análisis de múltiples conjuntos de criterios para la mayoría de los siguientes novecientos días de trading hasta agosto de 2021. Dediqué mucho tiempo cada día a observar estas gráficas y tablas. Fue un tiempo tedioso muy bien empleado.

Al final, di con el conjunto de criterios ganador.

Si uno hubiera, simplemente, identificado cuatro criterios sencillos: cosas como «El Dow Jones lleva a cabo un ascenso no sincronizado de dieciocho puntos», además de asegurarse de que no estuviesen presentes cinco *disuasores de la operación,* que incluían cosas como «Si el valor acaba de bajar 45 centavos, evita comprar durante el próximo minuto», entonces ese trader conseguiría un 92 por 100 de operaciones ganadoras entre el 2 de enero de 2018 y el 1 de septiembre de 2021.

Éste fue un descubrimiento realmente extraordinario.

También había identificado el aumento esperado más bajo del precio del valor y sabía cuántos valores solicitar cuando las acciones respondieran con un ascenso. También llegué a la conclusión de cuánto podría descender el precio del valor, sabía que había descendido por debajo de la pequeña bajada esperable que suele preceder a la subida, y si el valor descendía por debajo de ese punto, podía retirarme con esa pérdida y no sufrir una pérdida peor.

Disponíamos de la fórmula ganadora y había llegado el momento de usarla.

Mi hijo, Owen Asher Russell, nació el 5 de septiembre de 2021 en el hospital Cedars Sinai, en Los Ángeles (California).

Naturalmente, este acontecimiento dominó mi vida durante el siguiente par de semanas, mientras los verificadores de la versión beta se deleitaban con estos nuevos y deliciosos criterios. Disfrutamos de la fiabilidad, precisión y robustez de este conjunto de criterios mientras daban lugar a señales de compra constantes y exitosas que daban como resultado ascensos en el precio de las acciones.

Puede que ahora te estés preguntando: «¿Pero, cuáles son estos parámetros?».

Debo hacer hincapié, una vez más, en que sería idiota si publicara estos detalles, ya que el uso excesivo del mismo valor y el mismo punto de compra saturarían la compra y la venta de contratos que yo y también algunas (pocas) otras personas usamos. Puedes acceder a esta información si te conviertes en parte de la «tribu» que se subscribe a lo que en esta ocasión llamaremos «Modo Dios».

El Modo Dios es, actualmente, el servicio más avanzado que ofrece el trader de 20 minutos en lo tocante al trading manual de una señal de compra. Puedes formular preguntas sobre esto en la página web 20mintrader.com

Para cuando ya me había asentado con el novísimo miembro de mi familia, regresé a ello, y los verificadores de la versión beta y yo operábamos con este patrón a diario.

Alrededor de esta época, descubrí el punto de locura que infectaba a todos los traders del equipo: el mismo elemento que he descrito varias veces a lo largo de este libro, en el que el trader se ve tentado a tener esperanza y aguantar en lugar de retirarse con una pequeña pérdida.

Los traders usaban el patrón para conseguir unos beneficios maravillosos, y luego perdían grandes porcentajes de estos beneficios teniendo esperanza y aferrándose a una señal fallida mientras sus cuentas se vaciaban de importantes cantidades de su dinero. Di discursos motivacionales regularmente para intentar desalentar esta práctica. Es como si estos traders se vieran hipnotizados para tener esperanza y aguantar y simplemente no pudieran evitarlo.

Tal y como he dicho anteriormente, pero repetiré, decidí crear un juego de esto. Cualquiera que pudiera resistir un mes sin tener esperanza y aguantar con cualquier operación perdedora podía ganar un premio de varios miles de dólares.

De inmediato, veinte personas se apuntaron a este juego. Al cabo de sólo una semana y media, diez fueron descalificados por no haber conseguido vender con una pequeña pérdida, sino aguantando para ver si el precio del valor volvía ascender. Una semana después, pasó lo mismo con otros cinco. Estaban cayendo como moscas, incluso con la recompensa en forma de dinero a su alcance. Esta gente se vio persuadida por el demonio que tenían sobre sus hombros. Al final empecé a llamar a diario a los cinco jugadores que quedaban, antes de que el mercado abriera, y tuve, prácticamente, que amenazarlos (parecía que el soborno no estaba funcionando). La última semana, más o menos, cayó otro, y sólo quedaron cuatro que se mantuvieron fieles a las reglas del juego.

Estos cuatro jugadores consiguieron unos resultados mucho mejores que los demás y obtuvieron unos importantes beneficios que lo demostraban.

No miré a los jugadores descalificados con desdén ni repulsión. Los miré simplemente tal y como me miraba a mí mismo, ya que yo también había sido un importante infractor, habiendo perdido meses de beneficios con una única operación de tener esperanza y aguantar en varias ocasiones, pero quedé definitivamente convencido de que nadie era inmune a esta enfermedad.

El año 2021 finalizó con los mercados con unos máximos fabulosos, pero yo desconfiaba mucho. Me fijé en la gráfica del NASDAQ a lo largo de los diez últimos años y vi que en cuatro años su valor casi se había triplicado. Mientras tanto, los precios del resto del mundo no se habían triplicado en ese mismo período. Puede que algunas cosas, pero no la mayoría. Yo estaba receloso y me mostraba desconfiado. Sabía que había un desplome por llegar. Los niveles de los valores eran insosteniblemente altos. Era como si el mercado se hubiera drogado con metanfetaminas y estuviera listo para darse un batacazo. Mi sistema había resistido bien en 2021…, pero… ¿el sistema de quién no había resistido? Todo estaba subiendo como la espuma. Cualquier cosa de la que te desprendieras resistía. Los gurús estaban amasando dinero a paladas por sus «excelentes» estrategias. Me pregunté si la mía también dependía de un mercado alcista. ¿Era yo un farsante? ¿Funcionaría mi sistema en un mercado bajista?

En enero de 2022, proveí una cuenta con 8000 dólares de fondos y empecé a usar mi estrategia de acuerdo, exactamente, con Hoyle (un autor del siglo XVIII de libros sobre las reglas de juegos de naipes). Si no sabes lo que es «de acuerdo con/según Hoyle», quizás no seas un jugador de naipes. «Según Hoyle» es una expresión que significa «al pie de la letra, como mandan las normas». El Hoyle era el libro al que los jugadores de cartas acudían si alguna vez surgía alguna pregunta sobre las reglas de un juego. Decían: «Eso no es como dice Hoyle» si algún tonto estaba intentando hacer algo raro.

Bueno, pues jugué con mis propias normas de acuerdo con Hoyle, y hacia el 11 febrero de ese año, mientras el mercado decidió trazar un profundo descenso en toda regla, mi cuenta había crecido 16 000 dólares, habiéndose duplicado en poco más de un mes. Las ganancias como éstas continuaron y, ciertamente, las disfruté. Ni siquiera recuerdo el nivel al que llegaron mis ganancias en marzo, pero fueron impresionantes, especialmente en un mercado bajista.

Hasta que llegó un buen día en marzo en el que decidí pensar que era invencible, y no vendí cuando el valor de las acciones cayó. En lugar de ello, aguanté y añadí incluso más dinero, esperando una recuperación, y todas mis ganancias se esfumaron en un abrir y cerrar de ojos. Afortunadamente había conseguido ganancias a lo largo del camino, por lo que el batacazo se vio un poco aliviado.

Lo que es sorprendente sobre el mercado de valores es la elección del momento correcto. El mercado parece saber exactamente cuándo te sentirás más seguro y confiado, que es exactamente cuando bajarás la guardia y te relajarás con respecto a tu disciplina. Ciertamente, te engorda como a un cerdo y te lleva luego al matadero, permitiendo que te regodees como si fueras un rey. Después de meses de éxito y de una buena suerte constante, la única conclusión lógica a la que podías llegar era que eres especial. Eres distinto a todos los demás. Las estadísticas lo demuestran concluyentemente. Tienes un toque mágico y madera para esto, y nadie puede vencerte. Las cosas siempre van a tu favor.

Justo cuando has acabado de darte unas palmaditas en la espalda, te agarran de la mano y te la amputan salvajemente a la altura del hombro. Es algo terrible y te deja aturdido y desangrándote.

Más o menos en la misma época, me fui en un viaje corto a San Francisco a ver a mi familia. Salía con ellos, nos íbamos a cenar y jugábamos a juegos. Era realmente divertido.

El tercer día ahí, estaba sentado en el cuarto de estar de mi madre, y mi esposa llamó desde Los Ángeles.

—¿Hola?

—¡Hola, Jeremy, un tipo acaba de intentar asaltar nuestra casa!

Jessica y Owen estaban en casa solos en Van Nuys (California), una zona no muy buena de Los Ángeles, sin un coche en la zona de acceso a la casa, lo que le decía al aspirante a ladrón que no había nadie en la vivienda.

—¿Qué? ¿Estáis bien? ¿Qué ha pasado?

—Estaba en la sala de estar jugando con Owen, cuando un hombre ha empezado a sacudir el pomo de la puerta y a trastear con la cerradura. Podía ver su silueta a través de la ventana esmerilada de la puerta.

—¿Le gritaste? –pregunté.

—No. Me quedé congelada y corrí hacia la habitación con Owen, y cerré la puerta del cuarto de baño con el pestillo y llamé a la policía. Llegaron muy rápidamente, pero para entonces el tipo se había ido.

—¡Mierda!

—Les proporcioné los detalles a los policías, y le están buscando.

—¿Vieron nuestras cámaras de seguridad?

—No, todas las cámaras se habían quedado sin batería.

Había olvidado cambiar las baterías de las cámaras. Cuando perdí todo el dinero en el mercado, me había sumido en un cierto aturdimiento y descuidé algunas tareas clave. Siempre había mantenido estas cámaras operativas. Es necesario cargarlas cada mes o dos, e incluso recibo una alarma para cargar las baterías cuando están bajas.

Pero debido al estupor provocado por mi estado de *shock,* olvidé reaccionar a estas alertas. Como resultado de ello puse a mi familia en peligro.

Eran las 20:00 h para cuando mi mujer me llamó, y yo no podía llegar hasta Los Ángeles en menos de siete horas.

Llamé a mi padre de inmediato. Vivía a veinte minutos de nosotros, y es exmilitar, un veterano. Le expliqué toda la historia, le pregunté si podía quedarse en nuestra casa a pasar la noche y que yo regresaría por la mañana. Estuvo de acuerdo, sin dudarlo, tomó algunas cosas y se dirigió a nuestra casa.

Llegué a casa a primera hora de la tarde. Me fijé en los informes de criminalidad en nuestro barrio. En general no eran buenos. De hecho, el mes anterior pudimos ver nuestra casa desde un helicóptero de las noticias que estaba siguiendo a unos fugitivos que estaban saltando las vallas de nuestro vecino. Estuvieron a metros de nuestra casa mientras huían, asaltando las casas en su camino. Pude ver mi barbacoa en el canal de noticias en vivo, con focos buscando a los sospechosos.

Frecuentemente recibíamos notificaciones sobre la actividad delictiva cerca de donde vivíamos. Cosas como: «Cadáver encontrado en el maletero de un coche a 105 metros», etc.

—Tenemos que largarnos de este vecindario de inmediato –dijo Jessica.

—Sí, desde luego –le contesté.

Ese mismo día salí a la búsqueda de lugares mejores para vivir. Como era de esperar, había lugares a tan sólo veinte minutos que tenían unos índices de criminalidad increíblemente bajos y que eran limpios y agradables. Los Ángeles es uno de los lugares más variados que pudieras imaginar, y no me refiero simplemente desde el punto de vista étnico. Me refiero a todas las categorías. Puedes adivinar en que parte de Los Ángeles vive alguien por su acento. Todos hemos oído hablar, aquí en California, de las «chicas del valle». Eso es porque las chicas que viven en el valle de Los Ángeles hablan de una manera sofisticada, superficial, característica y clasificable; pero si vas a Santa Mónica, las personas hablan más como la gente corriente.

Y, por supuesto, la mayoría de mis amigos que crecieron ahí no eran gente de origen anglosajón y protestante, ni católica. Eran mexicanos, negros, asiáticos, judíos, del Medio Este de EE. UU., rusos, indios, etc.

Las viviendas agradables y seguras tenían unos alquileres del triple que el de la casa en la que vivíamos entonces, pese a que sólo se encontraran a veinte minutos.

Hice algunos cálculos y averigüé que los pagos de la hipoteca serían más baratos que el alquiler, lo que nos ayudaría a acumular patrimonio. Por supuesto, me iba a hacer falta el anticipo de la vivienda, pero aun así…

Empecé a buscar para comprar.

Tuve que vaciar todas las cuentas que tenía para conseguir lo que fuera y donde fuera, de modo que pudiera disponer de los extractos bancarios que necesitaba para mostrar que podía lidiar con la compra de una casa. Arañé de donde pude, gané dinero, efectué operaciones en la Bolsa e hice todo lo que pude para reunir el dinero para hacer que este sueño de ser propietarios de un hogar se convirtiera en realidad. Estaba desesperado por hacerlo de inmediato, por hacer que mi familia estuviera a salvo en un hogar agradable en un barrio seguro. También deseaba disponer de la capacidad de reformar la casa para transformarla en un hogar que nos encantara. Esto significaba que teníamos que comprar.

Condujimos de acá para allá viendo casas por toda la ciudad. Encontramos varias que nos satisfacían: con espacio para que yo pudiera trabajar desde casa, con un bonito patio trasero, con un buen espacio para jugar para Owen. Intentamos hacer ofertas por un par de ellas, pero fueron superadas rápidamente. Era la época en la que las casas se ponían a la venta y se vendía al cabo de un día o dos. Las viviendas en venta desaparecían, una a una, del mercado. Ésta era más o menos la época en la que los tipos de interés subían a cada mes que pasaba, por lo que cualquiera que deseara mudarse estaba vendiendo y comprando como si fuera la temporada de las rebajas. Encontramos una casa que nos encantó en un vecindario alucinante e hicimos una oferta por ella. Estábamos tan emocionados con ésta que empezamos a imaginar de verdad cómo sería vivir en ella. Incluso tenía una piscina y una oficina apartadas de la casa, cosa que es ideal para mí.

Empezamos a imaginarnos las reformas que íbamos a hacer y todos los muebles que compraríamos.

Sin embargo, se la acabó llevando otra persona. Nos quedamos especialmente desanimados. Unos días después, estábamos conduciendo por otro vecindario maravilloso que era incluso mejor que el que habíamos perdido. No había coches en la calle, cosa extremadamente rara en Los Ángeles. En lugar de ello, las ardillas jugueteaban por las calles y se dispersaban a medida que avanzábamos con el coche, el césped era exuberante, había árboles de veinte metros de altura y niños jugando en los jardines delanteros. Entonces vimos algo que nunca pensábamos que veríamos en un área central de Los Ángeles. Caminando justo por en medio de la calle había dos hermosos caballos, uno negro y uno blanco, con sus propietarios montados en ellos. Resulta que este vecindario era una zona habilitada para las actividades ecuestres.

Cada casa era como su propia pequeña creación mágica, en lugar de ser todas clones. Cuando aparcamos, una encantadora mujer con un perrito negro nos saludó, mientras lanzaba una pelota de tenis hacia la calle, y el pequeño cachorro fue a buscarla.

¿En qué tipo de zona parecida a la película *El show de Truman* o las series *La tribu de los Brady* o *La dimensión desconocida* habíamos entrado? ¿Seguía siendo esto Los Ángeles? ¿Dónde estaban las sirenas, el tráfico y los delincuentes?

Y seamos claros: este lugar estaba en el centro, en el mismísimo corazón de Los Ángeles, pero en cierto modo se encontraba en su propio pequeño mundo.

Pusimos toda la carne en el asador con nuestra oferta por la casa y la conseguimos, pese a que pagamos de más, y yo estaba completamente sin blanca para cuando pagamos por la entrada de la vivienda y todas las tasas y los gastos de la mudanza. Llegamos al límite de todas nuestras tarjetas de crédito y la cuenta bancaria estaba prácticamente vacía, pero sí que conserve una cosa: tenía 50 000 dólares en mi cuenta de trading, y operar con ella iba a tener que cubrir nuestros gastos básicos.

Empezando en junio de 2022, inicié un enfoque todavía más sistemático con respecto a mi método de trading. Cada lunes por la mañana sacaba cada centavo que hubiese conseguido por encima de mi capital inicial de 50 000 dólares. A veces eran 3000 dólares, a veces 2500, y a veces 3500. Llevaba mi estrategia al dedillo cada mañana, todo en el transcurso de los primeros veinte minutos tras la apertura de mercado, y eso era todo en cuanto a esa jornada de trading. En definitiva, la media era de unos 11 500 dólares de beneficio mensuales. Esto cubría exactamente lo que necesitábamos para la hipoteca, la comida, los servicios públicos, las letras de las tarjetas de crédito, el coche, la gasolina, y eso era más o menos todo. Ciertamente, no podía ir haciendo el tonto con el método. No podía apostar. Tenía que ser preciso y ceñirme a las normas, ya que necesitaba el dinero para vivir. Hacia finales de agosto había conseguido 30 000 dólares, que nos ayudaron a pasar el verano.

Sin embargo, y una vez más, caí presa del demonio de la esperanza y de aguantar, y perdí una buena cantidad de dinero en una operación estúpida de la que no me retiré con una pequeña pérdida.

Si no recuerdo mal, perdí 22 000 dólares. Perdonadme si mi memoria es superclara, precisa, borrosa y fácil de olvidar al mismo tiempo.

Fue un contratiempo devastador. Lo sorprendente es que fui muy disciplinado durante muchos meses, día tras día, sin flaquear nunca; y sólo hizo falta un momento de titubeo y todo el castillo de naipes se vino abajo.

Sin embargo, me alegro de haber ido retirando dinero constantemente, ya que, si no lo hubiera hecho, las pérdidas podrían haber sido mucho mayores.

Uno de los mayores problemas con el trading es que el sistema se presta y tiene atractivo para la gente que asume riesgos, los apostadores, los piratas, los espíritus libres, los genios y los innovadores; y pese a ello, el personaje que más gana es el friqui tímido, el trader constante y sistemático, el ritualista, el técnico y el investigador.

El aventurero casi siempre acabará yéndose a pique, a no ser que sea uno de los pocos afortunados que consiga un éxito tan grande que la enormidad de su victoria eclipse cualquier pérdida o revés; pero incluso existiendo estos tipos, el número de los que pierden su botín es bastante asombroso.

Uno de estos maníacos que asumen riesgos era ese buen amigo mío al que he mencionado anteriormente que perdió mucho dinero muy rápidamente. Había conseguido una buena cantidad de dinero dirigiendo negocios, y para cuando tenía veintiocho años era millonario, pero era un millonario gracias a dos fuentes. Una de ellas era su empresa, que le hizo ganar cientos de miles de dólares de dinero extra para gastar, y la otra eran sus inversiones agresivas y exitosas en criptomonedas. Recuerda, no obstante, que había veces en las que había tenido un saldo negativo de 500 000 dólares y tuvo que conseguir más dinero para evitar que le advirtieran con una llamada de margen. No es como si eligiera una moneda, la comprara, su precio se disparase y la vendiera como cualquier ganador de la lotería. No: tuvo que resistir el dolor de reveses extremos y el daño que aguantar y tener esperanza con su apuesta.

En mayo de 2022, su patrimonio neto personal había crecido hasta los 8 millones de dólares.

Empezó a publicar cosas en las redes sociales sobre ser financieramente libre, pero pensé que el punto de vista que había adoptado suponía un mal karma. Recuerdo pensar, mientras le leía: «Tío, este enfoque está destinado a enfadar al universo y a pillarte». Publicaba cosas frecuentemente en las redes sociales sobre cómo un trabajo a jornada completa era como la esclavitud y algo monótono, y que ir a la universidad era una pérdida de tiempo e innecesario. Eso tenía un aire ligeramente condescendiente con la gente que trabaja a jornada completa. En mi opinión, estas perspectivas son falsas e incluso hostiles para la gente que es, por lo general, genial. En primer lugar, la gente con empleos a jornada completa hace que el mundo siga avanzando. Él puede conducir el coche que tiene, usar el teléfono que usa y calzar los zapatos de viste gracias a que esos empleados asalariados trabajan, construyen, manufacturan, gestionan y crean esos productos. Los empleados de su almacén también tenían un trabajo a jornada completa para que su compañía hiciera ventas para Amazon. ¿Considera que sus empleados son personas inferiores? Él depende de ellos. Decir que alguien es inferior porque trabaja a jornada completa no es verdad y es algo arrogante. El segundo lugar, los graduados universitarios son los ingenieros que construyen las carreteras y los puentes sobre los que conduce su Porsche, los médicos que mantuvieron viva a su madre otro par de años y los arquitectos que diseñaron su bloque de apartamentos al lado del océano. ¿Son ellos los perdedores? No me gustaba su postura con respecto estos asuntos, ya que daba la impresión de ser «superior» en comparación con la gente que trabajaba duro y era digna de elogios. Empecé a transmitírselo cuando tuve ocasión, para que así conociese mi opinión, ya que por todo lo demás me encantaba este tipo.

Un día, en mayo de 2022, me llamó:

—¡Jeremy, acabo de perder todo mi dinero! –me dijo atacadamente.

—¿Qué quieres decir con «lo he perdido todo»? –le pregunté.

—He perdido ocho millones de dólares de un día para otro.

—¿Cómo? –le pregunté.

—Lo tenía todo invertido en Luna, la criptomoneda.

—¿Todo? –le pregunté.

—Sí, todo excepto la pequeña cantidad que tengo en mis cuentas bancarias personales.

Este tipo lo había apostado absolutamente todo a esta moneda, y un día se desvaneció. Nunca sacó un millón de dólares para ahorrarlos, nunca diversificó sus inversiones en distintas fuentes, sino que simplemente se lo jugó todo a este único activo.

—Dos de mis amigos acaban de suicidarse. Han perdido incluso más que yo –dijo–. Nunca me he sentido peor en toda mi vida…

Se me pasó por la cabeza la inconfundible idea de que él también estaba pensando en suicidarse.

—Escucha –le dije–. Eres una inspiración para miles de personas. Todos hemos visto cómo te convertías en un millonario en muy poco tiempo. ¡Tú nos hiciste creer que nosotros también podíamos hacerlo! ¡Ahora todas nuestras miradas están puestas en ti! Si le das la vuelta a esto y vuelves a ser millonario, cambiarás la vida de miles de personas que te conocen y te admiran. ¡Y tú PUEDES hacerlo! ¡Ya lo hiciste una vez y puedes volver a hacerlo!

—¿En serio?

—¡No lo dudes! –exclamé.

Durante las siguientes tres semanas hablé con él regularmente, obteniendo actualizaciones sobre cómo le estaba yendo y manteniéndole motivado. Mientras escribo esto, un año después, ha podido crear otra empresa y ha gestionado sus finanzas personales hasta llegar a un punto en el que está encaminándose de nuevo hacia ser alguien de éxito. También se ha vuelto más humilde y con los pies en la tierra y, ciertamente, me enseñó, a través de su situación, lo importante que es la gestión del riesgo, además del retirar las ganancias y meterlas en un lugar seguro.

Después de esa pérdida de 22 000 dólares, me recompuse y volví a tener mi estrategia básica bajo control, pero, en general, estaba cansándome del trading. No porque la estrategia del trader de 20 minutos estuviese fallándome, sino porque no sólo realizaba estas operaciones de 20 minutos, sino que también llevaba a cabo operaciones de tendencias (a corto plazo). Se trata de operaciones de duran días o semanas y, por alguna razón, nunca he sido muy bueno con ellas. De hecho, he perdido grandes cantidades de dinero haciendo esto repetidamente. Si no fuera porque las operaciones del trader de 20 minutos me han hecho ganar tanto dinero, habría tenido una deuda de decenas de miles de dólares.

Por ponerte un ejemplo de una operación de tendencias, adquiero cien opciones de compra que vencen al cabo de dos semanas con la esperanza de que en los próximos (pocos) días las acciones subyacentes asciendan en una cierta cantidad. Entonces, a medida que los días pasan, el precio no sube, y las opciones de compra se deprecian debido a la pérdida de valor. Por último, el valor de la posición que compré acaba valiendo tan poco que lo único que puedo hacer es venderla por una miseria. Si el precio hubiera aumentado hubiese obtenido un beneficio.

Esto puede mejorarse como técnica, estoy seguro de ello, pero en su mayor parte se me da, verdadera y evidentemente, de pena; y no sé por qué seguía intentándolo, pero ha sido la principal cosa que ha borrado mis ganancias como trader de 20 minutos.

Sin embargo, la técnica con la que practico el trading de 20 minutos siguió funcionando de maravilla, por lo que decidí dedicarme de verdad a enseñar a la gente exactamente cómo se hace. Una vez más, no soy asesor financiero, por lo que pude, simplemente, escribir un plan de estudios y publicarlo, en lugar de proporcionar una asesoría individualizada, pero dediqué considerable tiempo a asegurarme de que cada uno comprendiera cada paso exacto. Repasé detenidamente con ellos las configuraciones de sus gráficas, las configuraciones de sus cuentas de corretaje, las compras de operaciones sobre el papel y las ventas hasta que les salieron ampollas en los dedos, acabando por hacer todo esto de forma automática y sin ni siquiera tener que pensar en ello.

Dieciséis personas se formaron en este método, y después de hacerlo lo mejor posible para instruirles, a diez les fue bien, mientras que seis estaban perdiendo dinero, a pesar de mis intentos por hacer que fueran competentes y tuvieran confianza en sí mismos. De los diez que estaban obteniendo beneficios, voy a publicar aquí un descargo de responsabilidad, ya que no vi el estado de sus cuentas de corretaje ni capturas de pantalla, pero ellos afirmaban haber estado consiguiendo ganancias en esa época, y yo les creí. El grupo que estaba fracasando era algo que, por supuesto, me quitaba el sueño por la noche. Quería que mis alumnos tuvieran un 100 % de éxito, pero ni siquiera me aproximaba a esa cifra. ¿Por qué estaban estas personas fracasando con mi sistema si era tan claro y fácil? Estaba comprobado, probado retrospectivamente, se había empleado rigurosamente a lo largo de extensos períodos de tiempo y parecía ser sólidamente fiable. Pese a ello, estas seis personas siguieron reportando unas pérdidas continuadas.

Decidí profundizar en esto y averiguar qué estaba sucediendo.

Tal y como he mencionado antes en este libro, algunos eran californianos a los que nos les gustaba despertarse temprano. No eran tan agudos a las 06:15 h como podrían haberlo sido en otros momentos del día. Pero incluso así, pensaba yo, este sistema debería funcionar independientemente del estado en el que vivieras.

Un denominador común más importante entre los «perdedores» era su falta de una certeza rigurosa y de confianza en qué hacer en todos y cada uno de los escenarios. Sería como si estuvieses conduciendo un coche y el vehículo que está delante de ti se detuviera y tu tuvieras que consultar en un manual qué hacer en el caso de que un coche delante de ti se parase. Entonces dirías: «Ah, sí, hay que pisar el freno… Y, una vez más, ¿dónde está el freno?». ¡BUM! Colisión.

Éste es el tipo de cosa con la que mis alumnos se estaban encontrando. No conocían el movimiento correcto y exacto que debían llevar a cabo en cada escenario al instante.

En la técnica del trader de 20 minutos, los segundos marcan una gran diferencia. Las cosas son RÁPIDAS y se dan en forma de breves estallidos frenéticos. Compra y luego vende. Rápido, rápido.

La vacilación es mortal.

Creé un conjunto de simulacros para estos «perdedores». Les proporcioné múltiples escenarios de trading con detalles exactos y les pregunté qué hacer en cada uno de ellos. Les decía, por ejemplo, si veían cómo el Dow Jones caía, sincronizadamente, junto con el valor con el que estaban operando durante un período de diez segundos. ¿Qué habría que hacer a continuación? Y si el alumno no contestaba correctamente de inmediato como un: «Buscar un movimiento divergente del Dow Jones», le proporcionaba la respuesta correcta y volvía a hacerle practicar por repetición. Entonces decía: «Ves el movimiento divergente del Dow Jones hacia arriba. ¿Qué haces a continuación?», y tenía que contestar: «Adquirir la opción de compra». En esencia, este tipo de entrenamiento repetitivo continuaba con cientos de preguntas hasta que los alumnos conocían las respuestas exactas para prácticamente todos los escenarios a los que pudieran enfrentarse. Este tipo de entrenamiento repetitivo innovador dio como resultado unos participantes completamente competentes como no había visto antes; y reportaron que les estaba yendo muy bien con sus ganancias (una vez más, no puedo corroborar sus afirmaciones con extractos de sus cuentas de corretaje, pero sí que puedo decir que efectuaron estas afirmaciones y que no tenía razón alguna para no creerles).

Desde entonces he formado a especialistas que fueron traders exitosos con este método y que se han hecho cargo de más alumnos. Mantengo el número de estudiantes relativamente bajo, de modo que pueda trabajar con la gente personalmente según sea necesario, ya que tener a demasiadas personas haría que intentara abarcar tanto que no estaría disponible para alguien más que unos pocos minutos.

Estas personas también firman acuerdos de confidencialidad para no revelar la propiedad intelectual de este método y provocar la saturación que haría que fuera inútil.

Voy a proporcionarte la actualización de mi trading en este capítulo.

Tal y como he dicho en el capítulo anterior, el 15 de mayo de 2023 decidí ir más a lo grande con mi trading y formé equipo con un amigo adinerado, creando una nueva cuenta conjunta con exactamente 800 000 dólares en ella. Empecé a operar con esa cuenta ese mismo día y mi primera operación generó un beneficio de 5535,21 dólares. Hacia finales de esa semana había añadido 13 299,17 dólares al valor de la cuenta.

Debo decir que el miedo que corría por mis venas fue tan intenso esa primera semana que acababa cada sesión con escalofríos. Quién sabe qué hormonas y sustancias químicas se segregaron en el proceso. Por una cosa o por otra, normalmente no me huelen las axilas, pero me avergüenza decir que tuve que cambiarme la camisa de inmediato debido a quién sabe qué sustancias repelentes sintió mi cuerpo la necesidad de emanar al encontrarse bajo ese tipo de estrés agudo. Sin embargo, al cabo de algunas semanas mis nervios se habían calmado y pude mantener algún tipo de serenidad mientras llevaba a cabo mis operaciones bursátiles.

El 6 de junio, el valor de la cuenta había aumentado hasta los 875 913,70 dólares. Esto se debió, simplemente al realizar mis operaciones de veinte minutos, pero con más dinero que con el que hubiera operado nunca.

Tal y como describo en mi última actualización con el trading, sufrí esa tremenda pérdida y posterior recuperación desde principios de junio hasta finales de julio. Voy a volver a explicar parte de eso aquí.

Mi socio inversor me llamó en medio de la debacle.

—¿Qué está pasando, Jeremy? —me preguntó.

—La he fastidiado completamente y estamos muy hasta el cuello.

—¿Cómo es posible? —preguntó.

Le expliqué toda la historia y también lo dije cómo pretendía resolverlo. Estaba dispuesto a permitirme recuperar el dinero de una forma muy arriesgada, pero sólo yo si estaba dispuesto a reponer las pérdidas provocadas por mis acciones, que se apartaron enormemente de los estándares. Estuve de acuerdo. Desplegué mi estrategia de recuperación y acabé perdiendo sólo 67 000 dólares en esa operación, tal y como he descrito. Puedo decir «sólo» porque las pérdidas eran mucho mayores, y esto supuso, en comparación, una noticia fantástica. También prometí que no incumpliría nunca más la implementación de un *stop loss,* y que si incumplía habría consecuencias. Mi amigo era un alma caritativa y nunca intentó menospreciarme por esto, sino que aceptó mis promesas sabiendo que me ayudarían a prevenir que se volviese a producir un percance tan tremendo.

A lo largo de la siguiente semana de trading, intenté recuperar los beneficios perdidos y, al hacerlo, perdí otros 64 000 dólares y la cuenta bajó hasta los 756 000 dólares. Estaba a punto de tirar la toalla, llamar al editor de este libro y decirle que no estaba en condiciones de escribir algo así. Mi amigo y socio de esta cuenta me volvió asegurar que él no estaba loco y que me apoyaba en mi empeño por hacer que esto funcionara. Me dijo que no me rindiera.

También estaba este otro amigo, que me telefoneó. Era un trader *all* que había instruido y que estaba ganando mucho dinero con mi estrategia.

«Deja de intentar recuperarlo todo con una única operación», me dijo. Y tal y como he comentado antes, sus palabras dieron completamente en el clavo. Sí, la primera operación, que me hizo perder 67 000 dólares, fue dolorosa, muy dolorosa, pero mi estrategia es muy sencilla. Predices una pequeña subida y cosechas el beneficio conectado a ese pequeño aumento concreto. Y eso es todo. Lo que había intentado hacer es aguantar más tiempo que el ascenso esperable, esperando que la subida fuera todavía mayor. Cuando no lo conseguía, bajaba y mi *stop loss* se activaba.

Tal y como he dicho en la actualización, acepté el consejo de mi amigo trader y empecé de cero, poco a poco, recuperando la cuenta empleando sólo pequeñas operaciones estándar. El 3 de julio ya estaba por encima del capital inicial, con 802 689,11 dólares.

Julio fue un gran mes, y a finales, el valor de la cuenta había subido hasta los 933 103,11 dólares. Tenía unas cifras positivas de más de 133 000 dólares, a pesar de haber tenido unas cifras negativas de 44 000 dólares seis semanas antes. Eso incluye el hecho de que llevé a cabo múltiples operaciones que me hicieron perder más de 12 000 dólares cuando un *stop loss* me hizo salirme de una operación.

Aprendí dos lecciones valiosas de esta experiencia. La primera es la que más expongo en este libro y en todos mis escritos sobre el trading: «Usa siempre un *stop loss* en cada operación que lleves a cabo». La segunda lección fue «No intentar recuperarlo todo con una única operación».

Mientras escribo esta frase el 22 de agosto, el valor de la cuenta es de 1 022 677,31 dólares. Se encuentra 222 677,31 dólares por encima del capital inicial de inversión de 800 000 dólares 3 meses antes.

CAPÍTULO 22

Todo lo que 20-Minute Trader® ofrece

Ahora te hablo como alguien que ha descifrado un código y que dispone de extractos de su cuenta de corretaje para demostrarlo. Pero esto no se debió a que fuera una persona afortunada o a que yo sea alguien que tenga el toque de Midas. También he enseñado este método exitosamente a muchas personas.

Si alguien quisiese leer este libro y luego empezar a buscar un patrón, llevando a cabo la investigación relacionada con hacer que sea fiable, y tener un sistema con el objetivo de que le garantizase unos ingresos suplementarios y cuya ejecución llevase tanto tiempo diario como el que lleva esperar un batido de frutas en un local de Erewhon, podría hacerlo. Todas las respuestas sobre cada detalle quedan cubiertas aquí. Por cierto, Erewhon es una cadena de tiendas de comestibles de California conocida por su atmósfera bohemia y esnob.

Tendrías que elegir un valor, asegurarte de que su tendencia a lo largo de los años haya sido alcista, seguir los pasos del descubrimiento de un patrón, que en realidad se reduce a llevar un diario y tomar notas de calidad, y luego jugar con ello hasta que los parámetros de la señal de compra y los aspectos concretos de la estrategia de venta sean definibles.

Deberías tomar nota de todos estos detalles y hacerles un seguimiento, con cuidado de no usar cantidades importantes de dinero, aprender a usar los *stop loss* y tener paciencia y ser científico.

FIGURA 22.1

Un caballero de nombre Gil me envió un mensaje ayer. Aquí tenemos la captura de pantalla. Puedes ver que su beneficio se encuentra por encima de los 65 000 dólares.

Por asuntos legales, debo efectuar un descargo de responsabilidad. No estoy afirmando que esta captura de pantalla sea real. No me he fijado su trading ni en los extractos de su cuenta de corretaje. Él podría haber creado esto con Photoshop o algún programa parecido. Lo que sí afirmo aquí es que simplemente hice una captura de pantalla de su mensaje mientras estaba escribiendo esto y lo he publicado en esta página. Dispongo de varios de éstos.

Sería muy negligente por mi parte no describir los servicios de los que disponemos en 20mintrader.com. Ninguno de estos servicios es necesario. Dispones de todo lo que necesitas en este libro, pero te los describiré por si quieres conocerlos. Nótese que a medida que pasan los meses y los años, algunos de estos servicios cambian en términos de su nombre o sus contenidos, pero en el momento de la redacción de este libro y en el futuro próximo éstos son los que tenemos.

El curso gratuito del trader de 20 minutos

Este servicio explica el sistema enteramente, bosquejando el estilo, la metodología de investigación, una descripción del mercado de valores y de las opciones para novatos absolutos, y cómo podrías deducir, la estrategia completa partiendo de cero. Sin embargo, no proporciona aspectos específicos sobre qué teclas pulsar exactamente. Dura menos de quince minutos.

El paquete del trading predecible

Este servicio incluye tres horas y media de contenido en vídeo que define cuidadosamente los conceptos y palabras clave seleccionadas que necesitarás conocer. Describe con todo lujo de detalles cómo funciona el mercado de valores y qué son las opciones. Te guía por toda la configuración de sus gráficas y cómo usarlas.

Ilustra cómo configurar adecuadamente la cuenta de corretaje y cómo operar con ella. El curso proporciona un recorrido visual y descriptivo sobre cómo descubrir un patrón, tal y como se describe a grandes rasgos en este libro, pero en formato de vídeo. Habla sobre cómo intentar capitalizar un patrón predecible mientras proporciona consejos para el éxito y evita grandes batacazos. Éste es el servicio más barato que tenemos en venta, pero pese a ello es completo.

La clase magistral del patrón secreto

En el caso de 20-Minute Trader®, éste es el nivel más elevado de experiencia que se ofrece de entre todos sus servicios *online*. Revela el valor que usé, el patrón real que descubrí inicialmente y detalles exhaustivos de los criterios con docenas de vídeos que lo muestran en acción. Durante mi clase magistral en vivo frente a una sala llena de gente en Pasadena (California), tuve a un equipo de videografía con tres cámaras que lo grabó todo mientras llevaba puesto un micrófono de alta calidad de sonido. El elemento clave de este curso son los vídeos del patrón en acción. A lo largo del mes antes del curso en vivo, grabé las gráficas móviles del propio patrón mientras narraba qué es lo que estaba buscando y cómo pude usar estos movimientos para predecir el ascenso de este valor concreto. Bosquejé los criterios que había identificado para tener un éxito máximo para acertar con ello mientras detallaba la estricta estrategia de salida que había encontrado más factible, tanto por el lado de los beneficios como de las pérdidas. Consta de más de cincuenta lecciones y de casi nueve horas de contenidos, más de tres horas con la simple muestra de patrón tras patrón en movimiento. Actualmente, la mayoría de las reseñas positivas relacionadas con el programa 20-Minute Trader® proceden de aquellos que están cursando este servicio de la clase magistral del patrón secreto.

El Club del Trading de Élite

Este club se ha convertido en el servicio favorito en general por parte de los participantes en la formación en el sistema 20-Minute Trader®. En cualquier campo, la mayoría de las personas necesitan orientación e indicaciones: a un experto que los guíe a lo largo del camino. El club les proporciona un acceso ilimitado a un experto del sistema 20-Minute Trader® para configurar gráficas, los ajustes de corretaje, que les conteste a las preguntas sobre el servicio en el que se encuentran, y ayuda para interpretar patrones y cómo usarlos para obtener beneficios. Proporciona una comunidad de traders de mentalidad similar para que compartan sus pensamientos, experiencias, operaciones, hagan preguntas, obtengan información y formen amistades. En este momento, el club proporciona una aplicación que puedes conectar a tu gráfica que muestra cuándo un índice ha aumentado una cierta cantidad, lo que ayuda a identificar posibles señales de compra sin la necesidad de calcular los pequeños detalles sobre la marcha. Dispone de un servicio de «introducción de tu operación» que el participante puede enviar en el momento de su transacción bursátil y un experto le echará una ojeada y enviará *feedback* sobre lo bien que se ha ceñido esta señal a las normas básicas y a los criterios para la detección de un patrón. Es un servicio de evaluación y análisis, como un período de prácticas, para la identificación de patrones predecibles, y es un servicio individual. No se ofrece asesoría fiscal de ningún tipo. Los *coaches* sólo instruyen o se remiten a los trabajos publicados. Por último, llevo a cabo una sesión de preguntas y respuestas cada dos meses en una experiencia de transmisión en vivo que permite que preguntas concretas se respondan de inmediato.

La estrategia a prueba de balas

Éste es un complemento que cualquiera en cualquier estrategia de trading necesita. Sin embargo, deberías ser consciente de que de que todo este curso en vídeo aparece en este libro, y que ya lo has estudiado. Aquellos que quieran ver la versión en vídeo pueden encontrarla en la página web 20mintrader.com. Consiste en cómo mitigar, prevenir y lidiar con las pérdidas en el trading. Este curso dispone de un método para ayudarte a adquirir las cualidades que optimizan el máximo rendimiento que no se pueden encontrar en ningún sistema ni en ningún lugar más que en estas páginas. Es una técnica completamente única para ayudarte a asentar las mejores prácticas en el campo del trading. La estrategia a prueba de balas es un servicio independiente, pero cualquiera que forme parte del servicio del sistema 20-Minute Trader® debería estudiarlo para tener unas mayores probabilidades de éxito a largo plazo.

El Modo Dios

El término «Modo Dios» se usa en la jerga de los videojuegos para referirse a «invencible», «capaz de absolutamente todo» y «con infinitos recursos». El jugador en Modo Dios no puede morir y nunca se queda sin recursos. Hace mucho que no juego a videojuegos, pero he tomado prestado el término de esa actividad porque así es como me sentí cuando descubrí el patrón que uso en la actualidad. Ya he descrito el servicio en detalle, pero bosquejaré aquí sus características básicas. Nota: este servicio es exclusivo, y las plazas son limitadas. Sin embargo, hay una lista de espera. Trabajo con la persona individualmente, pero no como asesor. No soy asesor, sino educador: es así de sencillo. Enseño a todos en la comunidad del Modo Dios exactamente la misma estrategia publicada, y no proporciono un asesoramiento individualizado a nadie. Los criterios para el patrón Modo Dios se comprobaron retrospectiva y meticulosamente con algoritmos de *software* y con verificaciones manuales de su robustez hasta que los valores detallados de cada parámetro fueron una obra maestra condensada de simplicidad. Hay cuatro cosas que buscar en una señal de compra y cinco disuasores de las operaciones que tener en cuenta, y se bosquejan claramente en un vídeo confidencial y en formato escrito para los miembros de la comunidad del Modo Dios. Cuando alguien se inscribe en el Modo Dios, se le garantiza un año de servicios ilimitados conmigo mismo y con mi equipo de especialistas, que proporciona un nivel de apoyo de la máxima categoría. En concreto, acogen al alumno en un departamento de progreso y le proporcionan una lista de comprobación para asegurarse de que se haya completado y logrado cada paso antes de pasar al siguiente. Al principio, los especialistas se aseguran de que el alumno esté bien asentado con sus herramientas para el trading. Como tengo un trato con la correduría más popular para este sistema, obtengo unos enormes descuentos en las tarifas para todos los alumnos del Modo Dios. Ya sólo esto ahorra muchos miles de dólares al año. También nos aseguramos de que la configuración de su gráfica sea la forma más sencilla y más fácil de usar para llevar a cabo la estrategia del Modo Dios y que sepan cómo emplearla. Entonces avanzan a lo largo de la lista de comprobación para pasar a aprender el método. Estos pasos incluyen el estudio de los detalles del patrón, observar vídeos que los muestran, practicar cada criterio individual y luego todos ellos combinados. Sólo permite que los participantes avancen hasta los siguientes niveles una vez que demuestren su comprensión y dominio en el nivel que acaban de completar. Por ejemplo, es vital que el trader en el Modo Dios pueda vender una posición dentro de los diez segundos de su compra. Esto requiere de un nivel de competencia como el de la memoria muscular al usar la aplicación para el trading. Nuestros especialistas usan el trading sobre el papel (simulado) para guiarte por el proceso de compra y venta: lentamente al principio y luego cada vez más rápidamente hasta que puede completar la transacción en menos de doce segundos desde el principio hasta el final, con cronómetro y todo (no te preocupes, no hay silbatos). Luego se les permite avanzar hacia el siguiente nivel de la lista de comprobación. Se promete la competencia porque es inevitable. Uno no puede avanzar sin demostrarla. Como resultado de ello, los miembros que superan estos pasos tienen confianza en sí mismos.

Cada día, antes de la apertura del mercado, proporciono mis propias ideas, análisis y noticias previas al inicio de la jornada bursátil, y cómo pretendo afrontar la jornada de trading. Después de que haya acabado el período de trading, envío una captura de pantalla de mi operación, detallando cuántos contratos he comprado, el precio de ejercicio y la fecha de ejecución, cuánto he pagado por cada contrato y los momentos precisos en los que he comprado y vendido.

El alumno también me enviará los datos de su operación, y yo los miraré en mi gráfica para determinar si ha emitido correctamente una señal de compra con todos los criterios necesarios presentes, y que no hubiera disuasores de la operación cuando se produjo la compra.

Los alumnos del Modo Dios se convierten en amigos, y tiendo a mantener el contacto con ellos con el paso del tiempo. Aunque el Modo Dios es el «mejor patrón», esto no desmerece a los otros servicios, que son, por sí mismos, formas valiosas potencialmente factibles de usar los patrones predecibles para capitalizar los pequeños movimientos del mercado.

No es ninguna sorpresa que yo estaría innovando y encabezando las mejores formas posibles de jugar a este juego, y que podrían desarrollarse sistemas cada vez mejores. Una vez más, esto no desmerece los primeros modelos. El simple hecho de que mi coche sea un modelo de 2017 no significa que no logre llevarme del punto A al punto B sin problemas. Estoy seguro de que el último modelo es maravilloso, pero no es necesario *per se*.

Tal y como he dicho, éste es el círculo íntimo exclusivo y tiene listas de espera. Si quieres informarte sobre el Modo Dios, simplemente entra en 20mintrader.com, busca la sección del Modo Dios y clica para reservar una plaza.

El bot del trader de veinte minutos

Por último, he estado trabajando en un bot que replica mis operaciones en Modo Dios y al final he empezado a usarlo. Este proyecto empezó en noviembre de 2020, cuando un alumno mencionó la idea y empezó a dedicarse a ella. A lo largo del año siguiente trabajé con programadores para desarrollar fórmulas que permitieran al algoritmo ver lo que yo veo y hacer lo que yo hago. Al cabo de un año de trabajo no disponíamos de algo realmente impresionante, pero por lo menos pudimos desarrollar el comprobador retrospectivo en el proceso, y lo usamos para optimizar nuestros parámetros y criterios; pero fue también entonces cuando Robin llegó y preguntó si podía ayudarme a desarrollar un bot excluyendo al equipo con el que yo había estado trabajando. Robin tenía un máster en Ciencias Actuariales, además de un grado en Matemáticas.

Había operado con futuros para bancos durante diez años, usando miles de millones de dólares para apalancar estos instrumentos, que son bastante similares a las opciones en muchos aspectos. Sentía que yo tenía algo especial y quería invertir tiempo y esfuerzos para hacer que fuera algo automático. A lo largo del siguiente año y medio creamos miles de líneas de código, generando fórmulas que intentaban replicar mis acciones a la perfección. Por último, en mayo de 2023, apareció el bot, listo para su utilización. Lo habíamos probado, vuelto a probar, habíamos hecho comprobaciones de seguridad, y cada día nos fijábamos en las señales que escogía, y casi todas eran precisas con respecto a lo que yo había hecho el mismo día.

La sofisticación implicada en estas fórmulas es sorprendente y abrumadora. Me encontré empleando las matemáticas propias del instituto y la universidad que pensé que nunca usaría, transformando conceptos en fórmulas matemáticas. Afortunadamente, me gustaban las Matemáticas como asignatura cuando era más joven y, de hecho, comprendí la mayor parte de todo esto.

Recuerdo una ocasión, mientras estudiaba la asignatura de Cálculo de nivel avanzado en el instituto. Un día, el profesor escribió un problema enorme en la pizarra y dijo que el que fuera capaz de acertar el resultado el primero tendría permiso para irse antes de clase. Justo en cuanto acabó de escribir la última cifra de la ecuación, levante la mano para decir: «¿Cuatro?».

El profesor de Matemáticas se quedó alucinado: «¿Cómo has sabido eso?».

Lo cierto es que no lo sabía. Resulta que mi suposición fue correcta; pero analizar y resolver adecuadamente cada parte del problema debería llevarle a un supergenio unos diez minutos. El problema ocupaba dos líneas que iban de extremo a extremo de la pizarra.

Puede que algunos de vosotros recordéis la película *Regreso a la escuela*, con Rodney Dangerfield. En ese filme, él tenía que superar un examen de matemáticas, y cuando se encontró con un problema extremadamente complicado se quedó sentado y simplemente dijo: «¿Cuatro?». Y ése fue el momento en el que consiguió su diploma porque acertó. Yo estaba haciendo, medio en broma, lo mismo que había hecho el personaje de Rodney, e incluso imité la inflexión de su voz cuando levanté la mano y di mi respuesta. Sin embargo, el profesor no quedó muy contento con mi respuesta. Él estaba seguro de que había husmeado en sus papeles y de que había tomado notas sobre sus problemas y las respuestas. Estaba convencido de que era un tramposo, y así se lo anunció a la clase. Lo divertido es que el resto de los alumnos me conocían bien y sabían que no sólo no era un tramposo, sino que estaba abiertamente en contra de las trampas. Otros alumnos que quizás hubieran hecho trampas se estaban riendo por lo bajo, ya que yo era conocido por mi política contraria a las trampas. Mi respuesta al profesor fue: «¡Literalmente, he hecho una suposición sobre la respuesta! ¡Estaba citando una frase de la película *Regreso a la escuela*!». Ni siquiera me enfadé por su acusación. La encontré divertida, especialmente porque no sólo era decididamente falsa, sino porque podía demostrarlo en cualquier situación.

El profesor no estaba convencido. Estábamos cerca del final del último curso y el examen final se celebraría algunos días después. Él escogió cuidadosamente un pupitre para mí que había inspeccionado personalmente para descartar cualquier manipulación. Este pupitre estaba encajado en una esquina, muy alejado del resto de los alumnos, pegado a la pared más lejana. Antes de sentarme, me pidió que vaciase mis bolsillos y que dejase mi mochila lejos del pupitre. Le obedecí felizmente. Le hice saber: «Sé que usted cree que husmeé en sus papeles y encontré unos problemas de matemáticas y sus respuestas, pero le demostraré en este examen que nunca hice trampas y que, de hecho, estoy en contra de las trampas por una cuestión de principios morales».

Esto pareció dejarle atónito, pero procedió a ceñirse a sus planes, cosa que a mí me pareció bien.

A mitad del examen, necesitaba una goma de borrar, pero mi mochila estaba demasiado lejos.

—¿Alguien tiene una goma de borrar que me pueda prestar?

—¡No! –gritó él–. Yo te daré una. –Me proporcionó una, finalicé el examen antes que el resto de mis compañeros y se lo entregué.

—Puedes irte –me dijo, y abandoné el aula.

Dos días después, mientras entrábamos a clase, el profesor me dijo:

—Jeremy, ven a verme después de clase.

—De acuerdo, Sr. Jacquard –le respondí.

—Necesito anunciar algo a la clase –empezó a decir el profesor–. En estos últimos días he afirmado públicamente que creía que Jeremy era un tramposo. Cuando os entregué estos exámenes a todos, modifiqué el de Jeremy un poco por si acaso alguien le chivaba, de alguna forma, las respuestas. He tenido los exámenes guardados bajo llave en una maleta que no ha sido forzada. Me aseguré de eso. Jeremy completó el examen más de treinta minutos antes que cualquier otro alumno en esta aula y contestó correctamente al 100 % de las preguntas, además de a la pregunta para obtener puntos extra que valía otro 10 %. Ha obtenido una calificación inmejorable. Me retracto de todas mis acusaciones, y pido disculpas por hacerlas.

Todos me miraron. Me sentí como si me estuvieran animando a regodearme y, honestamente, mi conducta es esa época hubiera dado pie a ello. En lugar de eso, dije:

—No pasa nada. Tenía usted una razón válida para pensarlo y estoy contento de que hiciera usted todo eso para asegurarse de que no soy un tramposo y que así yo pudiera demostrarlo.

Después de la clase me dijo que quería reunirse conmigo en una pizzería e invitarme a comer, cosa que acabó haciendo al cabo de una semana, más o menos.

Me encantan las matemáticas como herramienta para permitirle a uno resolver y predecir cosas que suceden en la vida real, y me encantó el reto de averiguarlo a pesar de las extremas complejidades. Esta inclinación se ha prestado a mi éxito actual con este método, e incluso todavía más con el bot.

Después de sólo un mes, el bot, operando con dinero real, estaba consiguiendo unos beneficios del 12,5 %.

Este bot está desarrollando un historial en este preciso momento y posiblemente estará disponible para la venta de licencias para cuando este libro salga al mercado.

Cada uno de estos servicios está diseñado para ayudarte a tu nivel correcto. Si alguien me pregunta cuál es el método de trading adecuado, le digo, naturalmente, que el Modo Dios es el mejor, ya que es el que yo uso, y eso no es un invento. A los que están aprendiendo el Modo Dios se les enseña cada detalle sobre lo que yo hago y lo que he descubierto o sigo descubriendo; pero no es barato y no espero que nadie se embarque en el Modo Dios a no ser que disponga de esa cantidad de dinero prescindible, ya que el número de horas que los especialistas y yo le dedicaremos justifica los honorarios. Sin embargo, no es tan caro como para que a la gente corriente se le vea negado el acceso. Probablemente podría venderlo por 25 000 dólares por cabeza, pero entonces, ¿quién podría usarlo?: sólo la gente rica. Y pese a ello pretendo ayudar a la gente trabajadora que quiere obtener algunos ingresos extra. Si cobrara tanto, excluiría a mucha gente. Por lo tanto, su precio es muy inferior y, por lo que se dice, es valorado y apreciado por sus miembros.

Pienso que el camino más inteligente para estas personas que no están planeando en invertir por el precio del Modo Dios sería obtener la clase magistral del patrón secreto (espera para conocer el precio de venta del curso) e inscribirse en el Club del Trading de Élite. También deberían cursar la estrategia a prueba de balas. Ésta sería la mejor forma de alcanzar la perfección en el trading de veinte minutos de la forma más rápida y asequible.

El apoyo continuo proporcionado por el Club del Trading de Élite es de un nivel superior y proporciona la mayor probabilidad de éxito. Recomiendo visionar la estrategia a prueba de balas, que consiste en entre diez y quince minutos de vídeos, uno por mes, para no caer presa de perder un dineral con errores tontos pero universalmente comunes.

Independientemente del camino que tomes, que sepas que sólo hay dos razones por las que me dediqué a enseñarle a la gente este método. El primer lugar tenemos la intención, pura y simple, de ayudar a otros a que les vaya bien y a proporcionar a los no profesionales la oportunidad de disponer de una ventaja en el mercado usando una estrategia realista y sencilla diseñada para la gente ocupada. La segunda razón fue la de generar un negocio a partir de ello, de modo que todo el trabajo duro que mis compañeros de batallas y yo llevamos a cabo para hacer que este sistema funcionara para nosotros pudiera aportar una fuente adicional de ingresos a través de la venta de cursos y servicios, al tiempo que hacíamos que los servicios fueran lo más asequibles que fuese posible, de modo que la relación entre el cliente y el proveedor fuera mutuamente beneficiosa.

CAPÍTULO 23

Todos necesitamos a un Frank

Al igual que yo necesité que Frank estuviera ahí para ayudarme al principio de mi camino, para que respondiera a mis preguntas y para que me guiara por las cosas con explicaciones sencillas, todo el mundo necesita lo mismo. Desde la publicación de mi metodología he proporcionado, en todo lo posible, ayuda en vivo e instantánea a aquellos que quisieran aprenderla. He estado pagando a representantes del servicio al cliente durante el último año y medio para que estuvieran ahí, bien formados, y para ser útiles e instructivos con respecto a todas las preguntas y la asistencia necesaria para cualquiera, incluso para los alumnos de los cursos gratuitos, para que pudieran aprender y practicar el trading de 20 minutos.

Por supuesto, yo no puedo predecir o imaginar con precisión cuál será el escenario dentro de unos años. Sin embargo, si los cursos que preparo y enseño siguen en el mercado, me aseguraré de que siempre sean útiles y de que dispongan de gente bien formada que esté ahí para ayudar, igual que Frank hizo por mí y sigue haciéndolo hoy, siempre que lo he necesitado.

Siéntete con la completa libertad de aprovechar la disponibilidad del equipo de asistencia al cliente. Esta gente está ahí para ti.

CAPÍTULO 24

Confesión

Nunca me ha encantado el campo del trading y nunca quise que ésta fuera mi profesión, pero acababa de pasar dos décadas viviendo con un sueldo bajo, intentando ver si podía ayudar a la gente con su vida, y sé que lo hice porque me dicen que lo conseguí, y yo les creo.

Cualquier campo puede tener a gente inmoral y a gente con ética. Por ejemplo, los abogados pueden ser completamente carentes de moral y ética y dedicar todo su tiempo a intentar hacer que criminales culpables queden libres de responsabilidad o de la cárcel. Algunos abogados pueden cambiar la vida de millones de personas enfrentándose a problemas tremendamente opresores que azotan a nuestra sociedad, como las empresas farmacéuticas o químicas que han ocultado los resultados de los daños causados para así poder ganar miles de millones de dólares. Hay un espectro en cada ámbito que oscila entre el bien y el mal. Algunas esferas se prestan más a que haya más malos tipos que otras. El trading es una de ellas.

Vemos la imagen de *El lobo de Wall Street* y sus payasadas, aprovechándose de gente normal y corriente que compra acciones con un precio muy bajo («chicharros») con la garantía casi total de que subirán como la espuma y les harán ganar toneladas de dinero, mientras, en realidad, pierden en casi todos los casos, pese a que el bróker, el Lobo y su equipo, amasan comisiones como su tuvieran una potente aspiradora.

Incluso los médicos pueden ser poco éticos, pese a que la mayoría de las personas que se convierten en médicos lo hacen por un deseo innato de ayudar a la gente. Sigue habiendo ahí también un espectro que abarca desde el bien hasta el mal.

El trading también puede provocar una pereza no productiva en la que el trader exitoso hace poco por ayudar a que el mundo se vuelva mejor. Simplemente gana un dinero extra, lo gasta en tonterías estúpidas y no ayuda a nadie.

Espero dar lugar a una forma de buen gusto y ética de practicar el trading que favorezca a la persona productiva que quiera fortalecer a su familia y mejorar su vida con una fuente extra de ingresos mientras sigue siendo una parte vital de la sociedad.

Hay millones y millones de personas que no trabajan en EE. UU. Son jubilados, viven de prestaciones sociales, están en la cárcel y pertenecen a otras muchas categorías, y muchos de ellos no pueden trabajar. La sociedad es llevada sobre las espaldas de los productores. Quiero empoderar a estas personas. No estoy diciendo que la gente jubilada o la discapacitada debiera ser ignorada, en absoluto: eso no es lo que intento transmitir, pero dispondrían del tiempo para encontrar métodos incluso mejores que éste, lo que podría llevarles varias horas por día, y podrían volverse más profesionales en esto que mucha gente que tiene que trabajar. Mi planteamiento es que mi foco de atención se encuentra sobre el productor, el trabajador esforzado, y esa categoría de personas que me inspiraron específicamente a publicar y crear esto. Merecen un respiro y que les apoyen tanto como sea posible. Por lo que yo podría decir, la única forma de beneficiarse del trading hasta la llegada de esto consistía en hacer que fuera una actividad a la que se le dedicase varias horas al día, lo que significa que la mayoría de la gente trabajadora, y especialmente la que tenía una familia, era incapaz de llevarla a cabo.

Cuando me tropecé con el campo del trading, sentí que era repulsivo, pero entonces di con una forma de hacer que fuera divertido, responsable y útil. Es algo así como las unidades procesadoras de gráficos fabricadas por AMD y Nvidia, que fueron impulsadas por los videojuegos y que ahora se están usando con la inteligencia artificial, la medicina, la arquitectura, las películas, los coches autónomos (que se conducen solos) y otras aplicaciones increíbles. No soy un gran defensor de que se juegue a videojuegos en exceso. Sin embargo, las compañías que facilitaron el aumento del juego con videojuegos pudieron financiar la aceleración de otras proezas meritorias. Y, por dejarlo claro, no soy antijugadores de videojuegos ni estoy en contra de los videojuegos en absoluto. Muchos de mis mejores amigos son jugadores de videojuegos y a mí incluso me encanta verlos jugar de vez en cuando: es como un deporte. No es, simplemente, algo que considere saludable practicar en exceso.

Siento que di con una forma de hacer que el trading fuese accesible a la gente productiva, y siento que he logrado una cierta parte de mi misión en esta empresa.

Pero regresando a la primera cosa que mencioné al principio de este libro, trabajé duro durante veintidós años dedicado a ayudar a otros mientras recibía un sueldo escaso; y cuando llegó el momento de que tuviera una vida más plena y una familia, no iba a mantener discusiones internas con mi conciencia sobre el método de llegada a un estado económico que estoy seguro de que hubiera alcanzado mediante una trayectoria profesional a lo largo de una década o dos, aparte de que es honesto y legal.

Pero soy un artista. Escribí una novela de ficción titulada *Four Leaf,* he creado varios dibujos de los que estoy orgulloso, he llevado a cabo esfuerzos creativos en películas y en vídeo y, por encima de todo, me encanta ayudar a los demás de cualquier forma que pueda. Estoy agradecido por el grado en el que este negocio y esta técnica de trading me permiten hacer estas cosas. Tal y como he dicho, éste no es mi plan para una trayectoria profesional para toda la vida. Es una fuente de rápida de energía que me debería permitir emprender otros sueños y aventuras.

Espero que estas lecciones te faciliten el camino sin peligro hacia la senda de tus propios objetivos y sueños.

ASCENSO/SUBIDA (sustantivo): Rápido incremento de los precios de los valores. Se da un ascenso/subida cuando los inversores empiezan a comprar uno o más valores en grandes cantidades, lo que representa un incremento de la demanda que, por lo tanto, hace subir el precio.

ASCENSO/SUBIDA DE HÉROE (sustantivo): Un ascenso o subida que parece el vuelo de Supermán hacia el cielo. Un ascenso espectacular.

CARTERA DE INVERSIÓN (sustantivo): Una lista de nuestras posiciones, su coste original, su valor actual y cómo están desempeñándose en términos de beneficios o pérdidas.

CIERRE/CERRAR: 1. (sustantivo) El momento en el que el mercado finaliza su actividad por ese día (en el caso de EE. UU. a las 16:00 h en la hora de la Costa Este y a las 13:00 h en la hora de la Costa del Pacífico); **2. (verbo)** vender una posición o valor que uno posee. Algunas plataformas se refieren a esto como «vender para cerrar», y es lo opuesto a «comprar para abrir».

COMPRA (sustantivo): La adquisición de un valor.

COMPRAR (verbo): Adquirir un valor

CORREDURÍA (sustantivo): Un banco, una entidad o una compañía que tiene el dinero de alguien y realiza compras y ventas en nombre de alguien (como E*TRADE, Robinhood, TD Ameritrade, IBKR, etc.). Una cuenta de correduría o corretaje es como una cuenta bancaria en la que la correduría tiene el dinero de un cliente para su uso en las compras y ventas a las órdenes del cliente.

BASE DEL COSTO (sustantivo): Lo que has pagado originalmente por un valor concreto. Esto aparece en la cartera de inversión al mirar una posición. Cuando se trata de contratos de opciones, tu costo base es el precio del contrato dividido entre cien.

Ejemplo: Si has comprador un contrato de opciones por 805,00 dólares, tu base del costo sería de 8,05 dólares; y usarías este costo para colocar su orden de venta límite (8,20 dólares) y tu orden *stop loss* (7,70 dólares), por ejemplo. *(Véase también* **PRECIO DEL CONTRATO).**

DIFERENCIAL/HORQUILLA (sustantivo): La diferencia económica entre el precio de compra/oferta y el de venta/demanda en una posición, ya se trate de acciones o de opciones. El diferencial/horquilla es, simplemente, cuánto dinero (dólares o centavos) separan el *precio de compra/oferta* y el *precio de venta/demanda* de cualquier valor.

DOW JONES (sustantivo): El promedio industrial Dow Jones Industrial (DJIA), también conocido como el Dow Jones 30, es un índice del mercado de valores que rastrea a treinta compañías grandes y de primera categoría *(blue chips)* que cotizan en el mercado y que operan en la Bolsa de Nueva York (NYSE) y en el índice NASDAQ. El Dow Jones recibe su nombre de Charles Dow, que creó el índice en 1896 junto con su socio comercial, Edward Jones.

EJECUTADO (verbo): Lo orden de compra o la de venta se han llevado a cabo. Esto significa lo mismo que realizar, y generalmente aparecerá en una notificación o cartel *(banner)* de la correduría que nos alertará de que se ha llevado a cabo una orden.

FECHA DE VENCIMIENTO (sustantivo): La fecha en la que la opción (o derecho) a gestionar unas acciones al precio de ejercicio vence, momento en el cual el inversor que compró el contrato ya no podrá ejercer el derecho a comprar las acciones.

ÍNDICE (sustantivo): Un índice es un método para rastrear el desempeño de un grupo de activos de una forma estandarizada. Los índices normalm ente miden el desempeño de una cesta de valores e intentan replicar un cierto sector del mercado.

INSTRUMENTO (sustantivo): Los instrumentos de trading son activos/valores o contratos con los que se puede negociar. *Véase también* **VALORES/ACTIVOS.** Entre los ejemplos de instrumentos de trading tenemos las opciones, los futuros de materias primas, las acciones, los contratos por diferencia, las divisas, etc.

INVERSOR MINORISTA (sustantivo): Un inversor particular que compra y vende valores por su propia cuenta. Algunas corredurías se especializan en servir a los inversores minoristas, mientras que otras corredurías se esfuerzan por atraer negocios de instituciones implicadas en grandes operaciones.

MARCA (sustantivo): Significa lo mismo que «medio», pero se usa en vista de nuestras posiciones al estimar el beneficio o pérdida actual de un valor. Ejemplo: Si has adquirido acciones de ABC por 115 dólares y el medio actual (el valor central entre el precio de compra y el de venta) es de 118 dólares, entonces, al mirar tu posición en relación a este valor, la palabra «marca» se usará para comunicarte a ti, el inversor, el precio corriente de tu valor: en este caso 118 dólares. También habrá una columna o categoría que diga «Beneficio/Pérdida, o B/P», que en nuestro ejemplo de haber comprado un valor a 115 dólares y cuya marca es ahora de 118 dólares, sería «más 3 dólares».

USO (diferencia entre medio y marca). Medio y marca significan lo mismo. La diferencia estriba en dónde se usa estos términos. Medio se usa para estimar el precio de un valor al emitir una orden de compra o venta. Marca se usa al fijarse en una posición y determinar su beneficio o pérdida.

MEDIO (sustantivo): El medio es el punto intermedio entre el mayor precio de compra/oferta y el menor precio de venta/demanda. Es simplemente la media matemática entre estas dos cifras. Ejemplo: Si un accionista pide 101 dólares por acción y un comprador ofrece 99 dólares por acción, el medio es de 100 dólares.

USO: El medio se usa cuando alguien está emitiendo una orden para comprar o vender. Un inversor quiere comprar diez acciones del valor ABC. El inversor se fija en la página de las órdenes, en la que aparecen el precio de compra más alto y el precio de venta más bajo, además del medio entre estas dos cifras. Este valor del medio es la cantidad estimada acordada que gastará el inversor.

USO (diferencia entre medio y marca). El medio y la marca significan lo mismo. La diferencia estriba en dónde se usan estos términos. Medio se usa para estimar el precio de un valor al emitir una orden de compra o de venta. Marca se usa al contemplar una posición y determinar su beneficio o pérdida.

OPCIÓN DE COMPRA (sustantivo): Un instrumento financiero arriesgado en el que un trader de opciones «alquila», metafóricamente, cien acciones a otro trader durante un período de tiempo especificado y obtiene un beneficio o una pérdida según el precio de las acciones cambie a lo largo de ese período, siendo esto algo parecido a poseer realmente las acciones. En realidad, se trata de un contrato que un trader puede comprar para reservárselo durante un período especificado. El propietario de las acciones (accionista) está obligado a vender sus acciones a ese precio si o cuando el poseedor del contrato se lo exija. El accionista no podrá vender estas cien acciones a nadie más, sino que debe «apartarlas» para privilegio exclusivo del poseedor del contrato para que las compre si así lo desea.

Este contrato puede luego revenderse, idealmente por un precio superior al de compra. También puede usarse para comprar las cien acciones por un precio inferior que el del precio en el mercado en ese momento, obteniendo así un beneficio.

ORDEN ABIERTA (sustantivo): Una orden de compra o de venta que no se han ejecutado. NOTA: Al fijarnos en nuestra lista de órdenes en la plataforma de trading, si una orden de compra o de venta no se ha ejecutado, la palabra «Abierta» se mostrará en esta orden en la cartera de inversión.

ORDEN DE COMPRA (sustantivo): Una orden emitida a través de la correduría para adquirir un valor, tanto si la orden se ejecuta como si no.

ORDEN DE MERCADO (sustantivo): Es un «tipo de orden» que un inversor puede seleccionar en el que la correduría llevará a cabo la transición al precio de compra u oferta más alto disponible para la venta de una posición o al precio de venta o demanda más bajo para la compra de un valor. En esencia, alguien que emita una orden de mercado desea hacer la transacción al precio corriente de mercado en lugar de intentar obtener un precio más ventajoso por la operación o transacción.

USO: Las órdenes limitadas y las de mercado son los dos tipos principales de órdenes con las que interactuaremos. Seleccionaremos órdenes limitadas para regular lo que gastamos en algo o por cuánto vendemos algo para así evitar perder dinero innecesariamente. Seleccionaremos órdenes de mercado si necesitamos salirnos de una posición rápidamente vendiéndola y estamos dispuestos a perder algo de dinero al hacerlo.

ORDEN DE VENTA (sustantivo): Una orden emitida mediante nuestra correduría para vender nuestra posición, ya se ejecute la orden o no.

ORDEN LIMITADA (sustantivo): Al emitir una orden de compra o de venta, se pide al inversor que elija un «tipo de orden». Una orden limitada permite al inversor poner un precio mínimo (suelo) para la venta de un valor o un precio máximo (techo) para la compra de un valor. Si se elige una orden limitada, se le pregunta al inversor el precio limite. La correduría ejecutará la orden sin ir por debajo de este precio límite para la venta de una posición y sin superarlo para la compra del valor.

PLAZO (sustantivo): El tiempo durante el cual una orden permanecerá abierta antes de autocancelarse.

POSICIONES (sustantivo): Cada valor que se posee es una posición. Una lista de nuestros valores y de su estado actual constituye nuestras *posiciones*. Bajo cada posición tenemos información como el precio original gastado, el precio actual y el beneficio o la pérdida.

PRECIO DE COMPRA O DE OFERTA (sustantivo): Una cantidad por la cual un comprador propone adquirir un valor, como en una subasta.

PRECIO DE EJERCICIO (sustantivo): El precio de reserva por las cien acciones de un contrato de opciones.

PRECIO DE VENTA O DE DEMANDA (sustantivo): El precio al que se pone a la venta una posición.

PRECIO DEL CONTRATO (sustantivo): La cantidad que un trader de opciones pagó por vender o por comprar el contrato de opciones.

PUNTO DE COMPRA (sustantivo): El momento exacto en el que la posición se adquiere.

REALIZADO (verbo): La transacción ha superado una orden de compra o de venta.

SEÑAL DE COMPRA (sustantivo): La indicación de que es el momento de comprar, y que es probable que el precio de la acción suba en un cierto grado indeterminado.

STOP LOSS (sustantivo): Una orden dada a la correduría para que venda tu posición si su precio desciende hasta alcanzar un precio especificado exactamente que hayas elegido.

Ejemplo: El precio de la acción de tu posición vale en este momento 150 dólares. Colocas un *stop loss* de 145 dólares, y si el precio baja hasta ese nivel, la correduría la vende, generalmente a un precio justo por debajo de la cifra del *stop loss* que colocaste. En el caso de las opciones puedes hacer lo mismo. Si la base del costo es de 1,65 dólares, podrías colocar un *stop loss* en 1,55 dólares. La correduría las venderá tan cerca de 1,55 dólares como pueda, generalmente entre 1 y 4 centavos por debajo de esa cifra.

En E*TRADE, este tipo de orden aparece listado como un *stop on quote* (detenerse en una cotización).

STOP LOSS DINÁMICO (SLD) (sustantivo): Una orden de venta *stop loss* automáticamente adaptativa que asciende junto con el valor creciente de una posición. Cuando colocamos un *stop loss* dinámico, se nos pide la *cifra dinámica o de seguimiento*. El trader elige cuál quiere que sea la cifra dinámica o de seguimiento, y la correduría ajusta el *stop loss* automáticamente para que se encuentre exactamente a esa cifra por debajo de la posición en tiempo real. Si la posición aumenta de precio, el *stop loss* también sube. Si la posición cae, el *stop loss no cae*.

Ejemplo: Si alguien comprase un valor por 150 dólares y colocase un *stop loss* dinámico de 5 dólares, la correduría establecería automáticamente un *stop loss* en los 145 dólares; pero si el precio de las acciones subiera hasta los 155 dólares, la correduría establecería automáticamente un *stop loss* en los 150 dólares (5 dólares menos que 155). Si el precio del valor cae hasta los 151 dólares, el *stop loss* permanecería en los 150 dólares. Nunca descendería, sino que sólo ascendería. Si el precio de las acciones sube hasta los 157 dólares, se establecería automáticamente un nuevo *stop loss* en 152 dólares. En E*TRADE, este tipo de orden de venta aparece listada como *stop loss dinámico $*.

Esta característica permite al trader capitalizar un ascenso que suba, suba y suba, que luego caiga un poco, etc., saliéndose sólo de la posición si cae lo suficiente. Pese a ello es responsable de, frecuentemente, vender muy por debajo de la cifra del *stop loss* especificada, eliminando, a veces, el beneficio obtenido. Este descenso se llama *deslizamiento*.

UCLO (una cancela la otra) (sustantivo): Un tipo de orden de venta con dos órdenes colocadas para la misma posición y al mismo tiempo: una para vender con una orden limitada si el precio asciende hasta un cierto valor y otra para vender al alcanzar un *stop loss* si el precio cae hasta una cifra especificada. Si el precio de la posición alcanza cualquiera de estos dos valores, la orden se ejecutará y cancelará a la otra simultáneamente. Una cancela la otra = UCLO.

Ejemplo: Compro una acción de Apple por 150 dólares. Coloco una orden UCLO con una orden limitada de 155 dólares y un *stop loss* de 145 dólares, usando así una UCLO. El precio de la acción sube hasta los 155 dólares, la correduría vende ella misma la acción por 155 dólares y cancela el *stop loss* al mismo tiempo. Si su precio hubiera caído hasta los 145 dólares, la correduría habría vendido la posición por unos 145 dólares y hubiera cancelado la orden limitada.

VALORES/ACTIVOS (sustantivo): Una inversión negociable; pruebas de propiedad, certificados de propiedad, títulos de propiedad que tienen un precio y que pueden comprarse y venderse como si fueran materias primas. Las acciones, las opciones y los bonos son valores/activos. El significado original de «valor», que se remonta a mediados del siglo xv, consistía en propiedades pignoradas para garantizar alguna deuda o promesa por parte del propietario. Ya en el siglo xvii, este término pasó a usarse para referirse a un documento que evidenciaba la deuda y, con el tiempo, a cualquier documento que representase una inversión financiera. Hacia finales del siglo xix, esta palabra podía hacer referencia a cualquier inversión negociable.

VENDER/VENTA (verbo): Poner a la venta un valor que posees por un precio y la consiguiente transferencia de propiedad tras el pago; **(sustantivo)** el acto de vender un valor.

VENTA GENERALIZADA (sustantivo): La venta rápida de un valor por parte de un gran número de titulares. Esto hace aumentar la oferta disponible a la venta y, por lo tanto, hace que el precio baje. Las ventas generalizadas se dan por diversas razones. Un valor puede sufrir una bajada súbita de precio si su compañía emite una cuenta de resultados trimestrales negativa, si hay informes de una nueva tecnología que hace que el producto de la compañía quede obsoleto, o si los costes de la compañía aumentan. Las ventas generalizadas también se dan por otras razones, quizás menos racionales. Por ejemplo, una catástrofe natural, que no afecte a los suministros, puede provocar una venta generalizada.

YTD *(YEAR-TO-DATE* **o VALOR DESDE EL INICIO DEL AÑO) (sustantivo):** El beneficio o la pérdida total en la cuenta mostrada desde el 1 de enero de este año hasta el momento actual.

La vida de **Jeremy Russell** es una combinación de ambición, creatividad y un compromiso con compartir conocimiento. Jeremy, que vive en Los Ángeles, dirige sus negocios y pasa tiempo con sus amigos y su familia.

Desde la bulliciosa ciudad de Los Ángeles, la crianza y educación de Jeremy se vio enriquecida por su familia, muy unida. Mientras crecía al lado de sus hermanos, Brent y Kris, y su hermana, Alexandra, Jeremy se vio alimentado por los valores infundidos por sus progenitores, Michael y Helen. Estos lazos familiares se encuentran en el corazón de su travesía.

Las primeras pasiones de Jeremy englobaban los campos del espectáculo, los deportes y el arte. Como actor infantil, entró en el escenario de la creatividad, cultivando un amor por la narración de historias que dura hasta la actualidad. Fue atleta y artista durante su época escolar y desarrolló una perspectiva multidimensional que moldearía sus empeños futuros.

Mientras se dedicaba a sus estudios de arquitectura en la Universidad de California en Berkeley, el impulso creativo de Jeremy encontró su expresión en el mundo del diseño. Estos cimientos asentaron la base de sus emprendimientos futuros, en los que uniría la creatividad y la practicidad de formas innovadoras.

Embarcándose en un viaje de servicio, Jeremy dedicó más de dos décadas a trabajar a través de organizaciones sin ánimo de lucro. Este período de altruismo reforzó su convicción en el poder de la acción colectiva y despertó un deseo de marcar una diferencia duradera en la vida de otros.

Entre sus diversas búsquedas, los talentos literarios de Jeremy dieron sus frutos en forma de *Four leaf,* una cautivadora novela de suspense militar. Su capacidad de escribir narraciones emocionantes sumerge a los lectores en mundos tanto familiares como entretenidos.

El rango artístico de Jeremy se extiende más allá de la palabra escrita, manifestándose mediante sus complejos dibujos a lápiz, que ponen de reflejo su atención meticulosa por los detalles. Estas creaciones visuales se exponen en su página web, artbyjeremy.com, donde su pasión por las bellas artes encuentra su expresión.

Orientado por una visión del empoderamiento, Jeremy es la fuerza impulsora que hay detrás de 20-Minute Trader®, que dirige con la misión de equipar a aspirantes a trader con estrategias prácticas. Los métodos de 20-Minute Trader empoderan a las personas para que se abran camino por las complejidades del mercado de valores, aprovechando el éxito mientras se mantiene el equilibrio en la vida. Para conectar con la experiencia de Jeremy, contacta con él en info@20mintrader.com o síguele en Instagram: @20mintrader.

Además, Jeremy dirige jBot LLC, canalizando su innovación hacia la creación de algoritmos y bots para el trading. Esta empresa enfatiza su compromiso con aprovechar la tecnología para prácticas de trading eficientes.

La travesía de Jeremy Russell cala entre los ambiciosos, los creativos y los compasivos. A través de la familia, el arte, la implicación con la comunidad y espíritu emprendedor innovador, encarna el espíritu de tener un impacto en el mundo del trading y en la vida de la gente con la que tiene la suerte de contactar.

ÍNDICE ANALÍTICO

A

acciones de valores, 118
acciones reservadas, 39
accionistas, 20, 21, 47
alta capitalización bursátil, 117
apertura de mercado, 165
apostador, 112, 115, 120
    demonios, 115
    exorcismo, 115
Apple, 23, 27, 28, 29, 34, 37, 41, 42, 69, 84, 96, 117, 138, 194
autodisciplina, 118
autoinsulto, 119
autosacrificio, 119

B

base del costo, 189, 193
beneficios, 15, 16, 20, 21, 23, 29, 37, 43, 44, 45, 46, 55, 56, 90, 102, 103, 104, 112, 115, 116, 119, 124, 125, 128, 129, 134, 142, 146, 150, 157, 160, 168, 170, 176, 181, 189
Beyond Meat, 141, 142
Bolsa de Alemania, 24
Bolsa de China, 24
Bolsa de Londres, 24
Bolsa de Nueva York, 9, 21, 24, 190
Bolsa de Tokio, 24
bonos, 22, 28, 29, 125, 194

brókeres, 19, 20, 21, 23, 24, 47, 48, 49, 99
buena voluntad, 118, 119

C

cartera de inversión, 29, 30, 31, 32, 34, 39, 40, 133, 189, 191
certificados de propiedad, 28, 194
cierre, 14, 25, 26, 33, 108, 129, 143
clase magistral del patrón secreto, 175, 176, 182
Club de la Responsabilidad, 122
Club del Trading de Élite, 176, 182
cobardía, 115, 119
comisiones, 14, 15, 16, 20, 48, 185
compra por impulso, 103
comprar, 9, 13, 14, 20, 21, 22, 23, 24, 28, 30, 31, 32, 33, 34, 37, 38, 39, 40, 41, 42, 43, 44, 47, 56, 84, 91, 95, 96, 97, 98, 99, 156, 159, 163, 189, 190, 191, 192, 193
comprar para abrir, 32, 33, 189
confianza, 22, 45, 69, 101, 118, 128, 168, 178
contrato de opciones de compra, 153
contratos, 42, 43, 44, 48, 49, 98, 99, 107, 115, 144, 156, 157, 159, 178, 189, 190
    tolerancia al riesgo, 99

correduría, 21, 30, 32, 33, 34, 47, 49, 50, 55, 56, 113, 114, 177, 189, 190, 191, 192, 193, 194

    cuentas conjuntas, 55

cuenta de caja, 49, 50, 131

cuenta de corretaje, 28, 148, 152, 173, 174, 175

cuenta de margen, 49

cuenta de resultados trimestrales, 141, 142, 194

cuenta de trader, 47

cuenta de trading, 12, 15, 25, 28, 43, 47, 60, 114, 115, 124, 125, 131, 152, 164

cuenta, tenencia conjunta, 55, 120, 152, 154, 169

cumplimiento, 130

D

debilidad, 115, 119, 124

demonios, 115

derechos de propiedad, 92

descubrimiento, 4, 12, 71, 83, 123, 135, 159, 173

deslizamiento, 114, 115, 193

detractores, 76, 77

diferencial, 32, 190

dinero, 3, 5, 7, 9, 12, 16, 20, 21, 22, 23, 24, 28, 29, 34, 38, 39, 40, 43, 45, 46, 47, 49, 50, 52, 53, 54, 55, 56, 57, 58, 60, 69, 71, 77, 78, 79, 80, 84, 85, 94, 96, 97, 98, 99, 102, 103, 104, 105, 107, 109, 110, 112, 115, 116, 117, 119, 120, 121, 122, 123, 124, 125, 127, 132, 133, 134, 137, 138, 139, 140, 141, 143, 145, 146, 147, 148, 149, 151, 152, 153, 154, 155, 156, 157, 160, 161, 162, 163, 165, 166, 167, 168, 170, 173, 181, 185, 189, 190, 192

disciplina, 103, 104, 113, 115, 121, 161

discordancia emocional, 53

disuasores de la operación, 159, 178

Dow, Charles, 69, 190

E

efecto hipnótico, 110

ejecutado, 32, 44, 191

emoción personal, 104

en el dinero, 7, 96, 97, 98

entidad financiera, 28

esnob de las señales de compra, 25

estrategia a prueba de balas, 124, 176, 177, 182

estrés, 53, 54, 55, 56, 73, 74, 154, 170

estudio de las «U», 90

E*TRADE, 24, 47, 48, 49, 50, 189, 193

Etsy, 145, 147, 148, 149

existencia, 72, 101, 104

exorcismo, 115

expectativas realistas, 103

F

Facebook, 3, 22, 149

fecha de vencimiento, 41, 43, 95, 96, 97, 99, 133, 142

fibra moral, 119

formas de «U», 87, 88, 91, 133

fortaleza, 119

fracasos, 52, 57, 58, 74

fuera del dinero, 96, 97, 98

G

ganancias, 7, 8, 16, 22, 46, 48, 49, 56, 59, 103, 110, 112, 124, 140, 142, 147, 149, 152, 155, 161, 167, 168, 169

grado de coordinación, 88

gráfica de un segundo, 85

gráficas, 4, 10, 12, 13, 45, 50, 57, 61, 62, 63, 64, 68, 77, 80, 81, 83, 84, 85, 87,

88, 90, 92, 93, 132, 133, 143, 144, 155, 157, 158, 159, 168, 175, 176

fase de investigación, 77, 86, 87, 93, 133, 144, 148

forma de «U», 77, 86, 87, 93, 133, 144, 148

I

inversiones, 50, 57, 79, 117, 165, 166

Exención de los Editores, 149

invocar un préstamo, 40

J

Jones, Edward, 69, 190

juego, 7, 8, 11, 12, 24, 41, 42, 73, 76, 92, 102, 121, 141, 154, 160, 161, 177, 178, 186

L

límite, 33, 50, 112, 121, 164, 189, 192

Llamar/Reclamar/Invocar, 40

lucha o huida, 72

Lululemon, 43, 44, 84

M

maniobra de distracción, 91

MAPA (miedo a perderte algo), 124

marca, 31, 149, 190, 191

matemáticas, 37, 39, 98, 157, 179, 180, 181

mediador, 78

medidor retrospectivo, 157

medio, 13, 25, 27, 31, 47, 56, 57, 78, 87, 102, 113, 114, 123, 152, 156, 164, 170, 174, 179, 180, 183, 190, 191

mentor, 74, 77

mercado, 4, 8, 10, 11, 12, 13, 14, 19, 20, 21, 22, 23, 24, 26, 27, 31, 33, 34, 35, 39, 42, 44, 46, 52, 54, 55, 62, 63, 69, 74, 77, 80, 84, 87, 89, 94, 96, 97,

108, 110, 111, 114, 116, 117, 120, 121, 122, 123, 124, 125, 128, 129, 132, 133, 134, 139, 140, 143, 144, 148, 155, 156, 157, 158, 160, 161, 162, 164, 165, 175, 178, 181, 182, 183, 189, 190, 191, 192, 196

mercado de valores, 8, 10, 11, 14, 19, 20, 21, 22, 23, 24, 27, 35, 52, 54, 55, 69, 74, 77, 80, 84, 89, 110, 114, 120, 123, 124, 125, 139, 143, 148, 161, 175, 190, 196

miedo, 23, 71, 72, 102, 139, 169

MNSS (mirada no sesgada subconscientemente), 10

Modo Dios, 159, 177, 178, 179, 181, 182

movimiento mutuo, 89

N

NASDAQ, 14, 26, 60, 63, 70, 88, 108, 129, 133, 160, 190

Composite, 70

nivel II, 131

O

oferta pública inicial (OPI), 21

opción de compra, 37, 38, 39, 40, 41, 42, 43, 44, 47, 70, 74, 80, 89, 95, 96, 97, 99, 115, 133, 141, 148, 169

opciones de venta, 153, 154

operaciones, 4, 5, 9, 14, 16, 19, 20, 23, 24, 27, 28, 47, 48, 49, 50, 53, 56, 58, 73, 105, 107, 117, 121, 124, 130, 133, 134, 146, 147, 151, 152, 155, 159, 163, 167, 168, 170, 171, 176, 177, 179, 190

orden abierta, 32, 33

orden de compra, 31, 32, 33, 93, 190, 191, 192

orden de venta, 31, 33, 93, 121, 143, 189, 193

orden limitada, 33, 34, 114, 121, 122, 192, 193, 194

P

paciencia, 102, 103, 104, 173

patrimonio neto personal, 166

patrones, 4, 7, 8, 9, 11, 45, 57, 61, 80, 83, 85, 94, 119, 155, 156, 176, 178

patrones diarios, 94

penalizaciones, 130

perdedores, 40, 109, 119, 166, 168, 169

perder dinero, 34, 109, 110, 119, 121, 133, 192

pérdidas, 15, 24, 25, 28, 29, 30, 31, 35, 37, 43, 44, 49, 56, 59, 93, 94, 95, 110, 111, 112, 113, 115, 120, 121, 124, 127, 128, 129, 134, 153, 158, 165, 168, 170, 176, 177, 189

período de tiempo de veinte minutos, 87

pista falsa, 91, 92, 93

plataforma de trazado de gráficas, 13, 61

posición, 21, 29, 30, 31, 32, 33, 34, 40, 47, 49, 53, 56, 104, 109, 110, 111, 112, 113, 114, 115, 116, 118, 120, 121, 123, 134, 167, 178, 189, 190, 191, 192, 193, 194

Power E*TRADE, 49, 50

precio de compra, 28, 30, 31, 34, 40, 190, 191, 192

precio de ejercicio, 41, 42, 43, 44, 95, 96, 97, 98, 99, 133, 143, 178, 190

precio de las acciones, 13, 14, 21, 22, 23, 28, 37, 39, 40, 41, 42, 43, 44, 77, 86, 90, 92, 93, 95, 98, 128, 133, 134, 140, 141, 142, 143, 153, 157, 158, 159, 191, 193

precio del contrato, 41, 42, 98, 189

precio del cupón, 41, 43, 44, 95, 96, 97

precio de reserva, 192

precio de venta, 30, 31, 32, 34, 95, 96, 97, 116, 182, 190, 191, 192

precio de venta del cupón, 97

préstamos, 49

promedio industrial Dow Jones Industrial (DJIA), 190

R

rasgos de los traders intradía, 102

rebajas, temporada de las, 164

recompensas, 7, 24, 78, 130

recuperación, 119, 128, 161, 170

redes sociales, 3, 24, 54, 61, 84, 166

retirada y ahorro, 103, 112, 124

riesgo, 12, 45, 48, 99, 102, 125, 129, 167
    gestión del, 12, 102, 167
    tolerancia al, 99

riqueza, acumular, 136, 145

Russell 2000, índice, 88

S

scalping, 47, 50

señal de compra, 90, 91, 93, 94, 104, 115, 133, 152, 159, 173, 177, 178

señal previa, 77

servicio, proporcionar un, 78

Silicon Valley Bank, colapso, 25

símbolo de un valor bursátil, 64

símbolos griegos, uso, 9, 98

sistema basado en la recompensa, creación, 111

S&P 500, 14, 26, 60, 70, 84, 88, 108, 129, 133

SPY (fondo cotizado en Bolsa), 84

SRL, cuenta, 107, 108, 129

stop loss, 112, 113, 114, 115, 116, 117, 118, 120, 121, 122, 123, 127, 130, 170, 171, 173, 189, 193, 194
    dinámico, 113, 114, 121, 122, 193
    mental, 122

stop on quote, 113, 122, 193
swing trades, 146

T
take profit, 114
tarjetas de crédito, 78, 80, 140, 146, 147,
    151, 164, 165
tolerancia al riesgo, 99
toque de Midas, 123, 173
trader de 20 minutos, 3, 4, 5, 9, 11, 12, 17,
    25, 27, 43, 80, 115, 125, 151, 154,
    156, 167, 168, 169, 175
trader intradía, 23, 43, 53, 79, 102, 110,
    116
    opinión negativa, 136
traders
    debilidades, 124
    mentalidad, 52
traders minoristas, 24, 151
trading por venganza, 102, 103

trading sobre el papel (simulado), 99, 131,
    133, 134, 178
TradingView, 61, 84, 87, 88, 132, 157, 158
truco, uso, 24, 51, 55, 78, 101, 148, 157

U
una cancela la otra (UCLO), 113, 193
un segundo, gráficas de, 61, 84, 85, 87, 88,
    90, 132, 158

V
valor intermedio, 31
vender para cerrar, 33, 189

Y
Year-To-Date (YTD, valor desde el inicio
    del año), 15

Z
zen, trading a nivel, 55

ÍNDICE

Prólogo 3

Introducción 7

Capítulo 1. Primera actualización sobre el trading 13

Capítulo 2. Sigue la estela de la barca 17

Capítulo 3. ¿Qué es el mercado de valores? 19

Capítulo 4. Actualización sobre el trading 25

Capítulo 5. Términos del trading simplificados 27

Capítulo 6. ¿Qué es una opción de compra? 37

Capítulo 7. Cinco normas que sigo 45

Capítulo 8. Una cuenta de trading 47

Capítulo 9. Las cosas que hay que hacer y las cosas

                que no hay que hacer 51

Capítulo 10. Actualización sobre el trading 59

Capítulo 11. Gráficas 61

Capítulo 12. El promedio industrial Dow Jones 69

Capítulo 13. Un relato de descubrimiento 71

Capítulo 14. Guía práctica para el descubrimiento de patrones 83

Capítulo 15. Las opciones de compra: La explicación completa 95

Capítulo 16. La psicología del trading 101

Capítulo 17. Actualización sobre el trading 107

Capítulo 18. La estrategia a prueba de balas 109

Capítulo 19. Actualización sobre el trading 127

Capítulo 20. ¿Qué debería hacer ahora? 131

Capítulo 21. ¿Es el trading de 20 minutos realmente así de fácil? 135

Capítulo 22. Todo lo que 20-Minute Trader® ofrece 173

Capítulo 23. Todos necesitamos a un Frank 183

Capítulo 24. Confesión 185

Glosario 189
Acerca del autor 195
Índice analítico 197

OTROS TÍTULOS DE LA MISMA COLECCIÓN

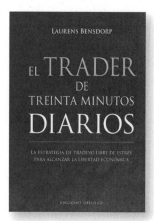

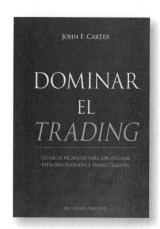

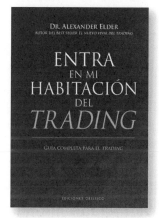

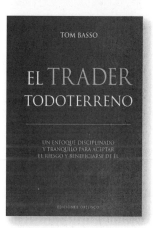